Anna Müller-Lubitz

Alte Hof- und Klosterküche

REPRINT – VERLAG
LEIPZIG

Die zum Teil geminderte Druckqualität ist auf den
Erhaltungszustand der Originalvorlage zurückzuführen.

Die Deutsche Bibliothek – CIP-Einheitsaufnahme

Ein Titeldatensatz für diese Publikation ist bei
Der Deutschen Bibliothek erhältlich.

© REPRINT-VERLAG-LEIPZIG
Volker Hennig, Goseberg 22-24, 37603 Holzminden
www.reprint-verlag-leipzig.de
ISBN 3-8262-1310-6

Reprintauflage der Originalausgabe von 1900
nach dem Exemplar der Sächsischen Landesbibliothek -
Staats- und Universitätsbibliothek Dresden
(Signatur: Techn.B.255^m)

Lektorat: Andreas Bäslack, Leipzig
Einbandgestaltung: Jens Röblitz, Leipzig
Gesamtfertigung: Westermann Druck Zwickau GmbH

L. von Pröpper's Spezial-Kochbücher.

VII.

Alte Hof- und Klosterküche

225 auserwählte Rezepte

aus dem reichen Schatze der berühmten mittelalterlichen Kochkunst.

Herausgegeben von

Anna Müller-Lubitz.

Mit einer Abbildung.

Frankfurt am Main und Leipzig.

Jaeger'sche Verlagsbuchhandlung.

Auf die Tafel giebt

Was der Zung beliebt.

Wie der Koch sich übt

Ein neu Kochbuch,

Das ist eine gründtliche Beschreybung
wie man recht und wol allerley gute und geschmackte
Speysen kochen und zurichten solle.

Alles mit vieljähriger Mühe und sonderbahrem
Fleiß, zu jedermanns grossem Nutzen und Hülffe
colligirt durch

Annam Müller-Lubitz

von Wilmersdorf.

Mit einem schönen Kupffer gezieret.

Gedruckt bey Karl Naumburg zu Kindelbruccum.
In Verlegung der Jaeger'schen Verlagsbuchhandlung.

Vorwort.

Der Umstand, daß in den Schriften des 16. bis 18. Jahrhunderts, namentlich in der sog. „Hausväterlitteratur“, eine Unmenge der vorzüglichsten Kochrezepte enthalten ist, die man vergeblich in unseren heutigen Kochbüchern sucht und daher wohl verdienen, ihrer Vergessenheit entrissen zu werden, hat meine Verlagsbuchhandlung und mich zu dem immerhin etwas gewagten Versuch angeregt, eine sorgfältig gewählte Serie dieser Rezepte zusammenzustellen und meinen geehrten Mitschwestern zur gelegentlichen Prüfung und Verwendung zu unterbreiten.

Das Ergebnis dieser Arbeit liegt nun in dem vorliegenden Büchlein vor. Ich habe die Rezepte stets in der Schreibweise der betr. Zeit aufgenommen, um die Originalität des Büchleins durch eine Uebertragung der Rezepte in unsere heutige Umgangssprache nicht beeinträchtigen zu wollen. Es begegnete dieser Umstand um so weniger Bedenken, weil die Rezepte auch so für jedermann ohne viele Mühe verständlich sind.

Fast sämtliche Rezepte sind auch für unsere heutige Küche gänzlich oder mit nur ganz geringen Aenderungen, die leicht herauszufühlen sind, zu verwenden und werden meinen lieben Mitschwestern gewiß manche willkommene Bereicherung ihres Speisezettels bieten.

In dieser Hinsicht hoffe ich, daß das vorliegende Büchlein von den deutschen Hausfrauen willkommen geheißen und ihnen ein kleines Hilfsmittel bei der Zubereitung der Speisen sein möge, sodaß dieser ersten Serie alter Küchenrezepte bald eine zweite folgen kann.

Wilmersdorf bei Berlin, im Juni 1900.

Anna Müller,
geb. Lubitz.

Vor-Ansprach

an den günstig-geneigten Leser.

Es ist sonder Zweiffel das Kochen, nemlich, wie man allerhand nützliche und gesunde Speisen zurichten solle, keine geringe Wissenschafft und eine höchstnoth-wendige und nützliche Sach, massen man nicht allein selbsten täglich essen muß, sondern auch offtermahls andere gute Freund zu gastiren und tractiren pfleget.

So hab ich dann mit vieljähriger Mühe und sonderbahrem Fleiß ein neu wohleingerichtetes Koch-Buch in offentlichen Druck heraußgegeben, worinnen nach Lust zu sehen, wie man allerhand wohl-schmeckende Speisen nach bester Manir und auffs delicateste zu richten, zierlich garniren, und fein ordentlich auff die Taffel geben solle.

Im übrigen ist dieses Koch-Buch nicht in dem Verstand zu nehmen, als ob dieses Werck so absolut und vollkommen seye, daß nicht noch ein mehrers hätte ein-gebracht werden sollen; Massen sich aber unter der Hand die Materi sehr gehäuffet, hat man das übrige bey diesem Format vorbey gehen und aussen lassen müssen.

Solte nun dieses, wiewol unvorgreiffliches Bedencken und Anweisung in gutem aufgenommen, und zu Nutzen angewendet werden, wird solches mich zum allerhöchsten erfreuen, auch ein mehrers obligiren, und ferner An-leitung geben, das übrige, was noch ermangelt, mit der Zeit, geliebts GOtt, auch nachfolgen zu lassen.

Im übrigen, was etwan hierinn versetzt, gefehlet, oder sonsten geirret worden, solches mit Verstand und Geduld zu corrigiren, insonderheit zu bedencken, weiln ich von der Druckerey entfernet, und man bey der Correctur solches nicht wol gantz perfect ohne eintzigen Fehl wird er-setzen können, unterdessen zu beharrlichen Gunsten mich hiermit recommandiret seyn lassen.

Das Erste Capitel.
Von Potagen oder Suppen.

Bonenſuppen. Nimm grüne Bonen, wenn ſie ge=
ſotten ſeyn, ſtoß vn ſtreich ſie mit der Brüh, darinn ſie
geſotten, durch, pfeffers, gelbs, ſaltz vn ſchmältz, ſchneidt
auch Petterſilgen Wurtzel darein, vn laß damit auff=
ſieden. Du magſt auch wol ganze Bonen darein thun,
daß man ſihet, daß ein Bonenſuppen iſt. (1581.)

**Suppe von Selleri, mit einem Knochen von einer
Kälber=Keule und einem Huue.** Nihm das Hun und das
Kalbfleiſch, mache es ein wenig ſteiff in gekochtem
Waſſer, putze es dann ab, und gieſſe Fleiſchbrühe darauff,
wann man welche hat, putze den Sellery, und ſchneide
ihn als einen halben Finger lang, thue ihn an das
Fleiſch, wann es Zeit iſt, mache ein wenig braun Mehl
daran, nihme ſchier Rind=Fleiſch aus der Keule, und
ſchneide es dünne, als du immer kanſt, klopffe es, nihm
auch ſchier Speck, ſchneide den in kleine Würffelein,
und thue es in eine Caſtrol=Pfanne, lege das Rind=
Fleiſch darüber her, und laß es braten, ſo lange, biß
es gantz braun wird, gieſſe Bouillon darauff, von der
darinn das Fleiſch gekochet, thue dann ein wenig
Muſcaten=Blumen, Thimian und Peterſilien darein,
auch eine Rinde von Semmel; wann es genug gekocht
hat, ſo ſtreiche es durch ein Haar=Tuch, und wann es
Zeit iſt, ſo richte die Potage an, und garnire dann
den Rand mit dem Selleri, und gieſſe von dem Jus
oder Schüeſt darüber, der von dem Fleiſch gemacht iſt,
ſo iſt es fertig. (1701.)

Spenatſuppen. Nimm Spenat, der gequellt iſt, hack
jn klein, vnnd rür jhn wol ab mit Eyern, nimm ein

Erbeßbrüh, die gepfeffert vnd gegelbt ist, zeuch den Spenat darein, vnd rürs vmb, biß daß aufffeudt, schmältz vnd saltz, so ist es gut vnd wolgeschmack. Vnd man nennet es ein Spenatsuppen. (1581.)

Eine Eyer=Suppe. Man nimmt vier Eyer, und thut das weisse darvon, klopfft das gelbe wol, schüttet hernach Fleisch=Brühe daran, und ein wenig Essig, auch, so man will, so gilbet mans ein wenig, läst es sieden, aber nicht zu lang, sonsten gerinnet es. Dieses ist eine sehr gute Suppe, hat fast den Geschmack einer Rahm=Suppe, und wo man keine Fleisch=Brühe hat, kan man nur Wasser darzu nehmen. (1678.)

Eine Käß=Suppen. Nihm einen guten Holländischen Käß, reibe oder zerschneide ihn klein, gieß Fleisch=Brühe daran, lasse es sieden, thue Eyer daran, ein wenig Raum, Saffran und Butter, und richte es über gebähete Brodt=Schnitten an. (1701.)

Eine Schakkobin-Suppe von Käse, Ochsen-Marck und klein gehackten Kalbs-Braten. Nihm ein wenig Kalbs=Braten, hacke es gantz klein, Parmesan=Käse, reibe ihn, ingleichen schneide auch Ochsen=Marck klein, nihm die Rinde von einer Semmel, lege es in eine Schüssel, streue den Käß, das gehackte Fleisch und Ochsen=Marck darüber her, schneide dann ein Semmel in Scheiben, und lege es oben über das gehackte Fleisch, streue Käse darüber her, gieß dann gute Bouillon darauff, setze die Schüsseln auffs Feuer, und laß es ein wenig kochen, giesse dann ein wenig Schüest darüber, und garnire die Schüssel mit Pistacien, so ists fertig. (1701.)

Klostersuppe. Man stößt für 6 Personen ein gutes Viertelpfund Reis im Mörsel recht fein, schwitzt ihn mit ½ Pfund Butter in einem Kessel gelblich, giebt dann 1 Quart Weißbier darauf, thut ein Stück Zucker, etwas Zitronsachle und eine gute Prise gestoßenen Zimmt dabey, und läßt es einige Minuten kochen. Dann streicht man 8 Eyerdotter mit ein halb Quart Franzwein durch ein Haarsieb. Wenn angerichtet werden soll, legirt man die Suppe damit, thut bittere Mandelmacronen in die Terrine, giebt die Suppe darüber und so zur Tafel. (1778.)

Eine Milch-Suppe. Nihm ein Maaß Raum oder gute Milch, laß sie bey dem Feuer sieden, daß sie nicht zusammen laufft: Dann thue von drey oder vier Eyern die Dotter in ein Häffelein, quirle und klopffe sie wohl, und wann die Suppe anfängt zu sieden, so schüttle die Eyer-Dotter hinein, und thue ein Stücklein Butter darzu, rühre es wohl untereinander, und laß es nicht mehr sieden: Wann man will, kan man ein Löffel voll Mehl darunter quirlen und zuckern; Dann lasse sie von Ferne beym Feuer stehen, schneide Semmel oder weiß Brodt gewürffelt in eine Schüssel, röste es zuvor in Schmaltz, so es dir beliebig, und richte die Suppe darauff an. (1701.)

Ostersuppe oder Schwedische Suppe. Nehmet das Gelbe von Eyern, quirlt es mit süßer Milch wohl zusammen, gießet etwas Bier dazu, und lasset die hinzugefügten Semmelbrocken weich sieden. So bald die Suppe in dem Kessel aufgischt, muß sie abgenommen, und mit Zucker und Zimmet gewürzt werden. Wenn sie in der Schüssel ist, muß die Suppe noch mit Zimmet überstreut werden.

Diese Suppe muß bald, nachdem sie aus dem Kessel gekommen, gegessen werden; weil sie leicht zu dicke wird, wenn sie lange stehen soll. Man hat sich daher auch mit den Semmelbrocken in Acht zu nehmen, daß ihrer nicht zu viel in die Suppe kommen, und sie zu dick oder steif machen. (1778.)

Eine Rahm-Suppe. Man nimmt ein Maaß Rahm, siedet solchen wie eine Milch, klopfft es wol, und saltzt es nach Belieben, man nimmt auch zwey oder drey Eyerdötterlein darzu, je nachdeme man viel oder wenig Suppen machen will, und rühret es wol. Wann man nun bald anrichten will, so schüttet man die zerrührten Eyerdötterlein in den Rahm, wann er noch im Sud ist, so rührt es wol, sonsten gerinnet es, und richtet es alsobalden an. Es solle aber zuvor von Semmel oder Wecken fein gewürffelt eingeschnitten seyn. Auch, so man will, kan man die gewürfelte Bröcklein zuvor im Schmaltz rösten, hernach die Suppe drüber anrichten, ingleichem auch ein wenig Zucker mit sieden lassen. (1678.)

Eine Wein-Suppe, ohne Ayer zu machen. Man nimmt gestoffene Mandeln, so zuvor in warm Wasser die Schalen abgezogen, treibt solche mit dem Wein durch, thut alsdann Imber und Gewürtz, samt ein wenig frischer Brühe, so nicht zu heiß seyn solle, darunter ein wenig Wasser gegossen, und richtet es an. (1678.)

Gefüllte Zitronsuppe. Man nimmt Zitronen, schneidet sie der Länge nach durch, nimmt das Weiße von zwey Eyern, etwas Zucker, und bittre, auch etwas süße Mandeln, welche vorher alle müssen abgezogen und gerieben seyn, rührt alles recht unter einander, füllet es wieder in die Zitronen, macht jede Hälfte mit einem Messer glatt, und läßt sie in der Tortenpfanne oder beym Bäcker gelbbraun backen. Zur Suppe nimmt man halb Wein und halb Wasser, acht Eyerdotter auf ein Maas oder Quart, gestoßenen Zucker und Zimmt, quirlt dies alles nebst einer Messerspitze voll Mehl kalt ein, auch etwas an Zucker abgeriebene Zitronen=

schale dazu. Wenn es anfängt zu kochen, so gießt man die Suppe in den Napf, und thut die gefüllte Zitronen hinein. (1778.)

Das andere Capitel.
Vom Rind-Fleisch.

Beuf à la mode. Nihm ein Stuck schön Rind-Fleisch aus den Lenden, schneide es in zwey oder drey Stücke, klopffe es dann ein wenig, spicke es mit grossem Speck, wann es zuvor mit Pfeffer, Muscaten-Blumen, Nägelein und Saltz bestreuet ist, schneide dann Speck in breite Scheiben, lege es in einem Kessel, und das Fleisch darzu, auch Lorbeer-Blätter und Muscaten-Blühe, Pfeffer, drey oder vier gantze Zwiebeln; Nihm darnach einen Deckel, welcher sich auf den Kessel passet und schicket, mache ihn feste zu mit grobem Taig, daß kein Brodem daraus gehet, laß es dann eine Stund oder 8. stehen, und schwitzen, so wird es gar.

BN. Man kan auch wohl, wann es soll ange-richtet werden, rothen Wein-Essig oder Bouillon daran thun, wie es ein jeder gerne zu essen vermag. (1701.)

Englisches Rindfleisch. Nimm ein gutes dickes Stück aus der innern Keule, klopfe es recht mürbe, stich mit einem Messer Löcher hinein, und stecke in einige der-selben Stücke von des Fleisches Fett, in andre einige Zitronschale, und in viele abgeschälte Zwiebeln; lege es drey Tage in guten Weinessig, und lege dazu Lor-beerblätter und ein wenig Roßmarin, dann brate es unter fleißigem Begießen mit Butter am Spieße gahr. Mache eine Sauce dazu von in Butter gelbbraun ge-bratenem Mehl. Gieße eine gute Fleischbrühe ab, thue dazu gewässerte und gehackte Sardellen, Kapern, von Steinen abgeschälte Oliven, ein wenig gestoßenen Pfeffer und laß es kochen; dann richte diese Brühe über das Fleisch an. (1778.)

Knödel oder Klöß von Rindtfleisch zu machen in einem Pfeffer, mit seiner zugehörung. Nimm das Rindtfleisch vnd schneidt es klein, hack Rindtfeißt, ein stück Speck, Zwibel, vnd gerieben Weck vntereinander, schlag Eyr darein, nimm Pfeffer vnd Ingwer darzu, setz Wasser in einem Kessel auff, vn mach runde oder lange Knödel von sauberm feißt, thu sie in das Wasser, vnd laß wol sieden, thu sie auß der Brüh, vnd kül sie auß, vn laß die Brüh auch kalt werden. Nimm Hünner, Gäns oder Kälbernschweiß, vnd thu in mit Essig in die Brüh, vnd laß damit sieden. Schneidt Brot, Zwibel, Epffel vnnd Bertram Kraut darein, vnn laß auch wol mit sieden, streich es durch ein Härin Tuch, vnd mach es an mit lindem Gewürtz, Zimmet vnd Pfeffer, mach es süß oder sauer, vnd thu die Knödel darein, vnd laß sie darmit sieden, so wirdt es wolgeschmack. (1581.)

Ochsen-Möhr- oder Mürb-Braten mit Cucumeren.*) Nihm den Möhr-Braten vom Ochsen, schneide ihn ein Finger-dick fornen ab, und spicke das mit grossem Speck, stecke ihn an einen Vogel-Spieß: Nihm die Cucumern, und schneide sie in viereckigte Würffel, auch Zwibeln darbey, gieß Essig darauff, und laß es etwas stehen, hernach schwänge sie aus, und gieb ihnen Farb in brauner Butter, wann sie nun Coleur haben, so nihm sie heraus, brenne ein wenig braun Mehl, und thue ein Bocquet darbey, lege den Möhr-Braten und Augurcken zusammen darein, gieß Bouillon darauff, thue ein wenig gantz Gewürtz darbey, so ist es fertig. (1701.)

Ein köstlicher Rindbraten. Stosset ein wenig Wachholderbeer und Feld-Kümmel, thuts in Essig mit Saltz,

---

*) Cucumern = Gurken.

und beitzet den Braten darein, lasset ihn über Nacht darinnen liegen, wann ihr ihn nun wollet braten, so stecket ihn an, bratet ihn fein gemach ab, damit er durchaus gar wird, wann er gebraten ist, so richtet ihn auf die Schüssel, giesset etwas Fleisch-brüh darüber, und bestreuets mit Zimmet. Also essens die Pohlen, Ungarn und Teutschen gern. (1694.)

Rindern Schwantzstück zu stofen. Man kocht ein Rindern Schwantzstück nur halb gar, thut es hernach in einen Topff, giesset darüber den vierdten Theil einer Maaß seines eigenen vorigen Wassers, und hernach so viel weissen Wein, thut darinn eine halbe Handvoll Cappern, ingleichem so viel Fenchel, auch eingemachte Cucumern, so in kleine Schnitte zerschnitten, mit etwas Mußcat-Blumen, Mußcat-Nüsse und Saltz, deckt es wol zu, und bächt es, trägts zu Tisch mit Brodschnitten. (1678.)

Rind-Fleisch aus dem Saltze. Nihm Rind-Fleisch, koche es aus dem Saltze, mit Petersilien-Wurtzeln, Rüblein, Pastinachen 2c. oder was man sonst der Jahr-Zeit gemäß bekommen kan: Dann reibe Kren oder Meer-Rettig, thue den in ein Häffelein, giesse gute fette Rind-Fleisch-Brühe darzu, Zuckers ein wenig, und laß es ein wenig sieden, und richts in eine Schüssel über das Rind-Fleisch an. (1701.)

Rind-Fleisch gut und wohlgeschmack zu kochen. Rind-Fleisch in Stücken zerhauen, eine Stund lang in frischen Wasser liegen lassen, dann ferner aus kalten, hernach aus warmen Wasser wol und rein gewaschen, und in einen grossen irdenen oder wol verzienten küpffernen Topff oder Hafen zugesetzt; Wann es eine Stund lang gesotten, so schöpffet die beste Brüh herunter, und giesset Bier, oder Essig, oder Wasser darauf, nachdem ihr es mit einer Salse oder Zugemüß bereiten wollet, damit es wieder voll werde, laſſets ferner ſieden, damit es recht wol weich wird.

NB. Man kan zu dem Fleiſch etliche geſchälte Lorbeer, oder eine gantze Ingber-Zähe, oder eine Muſcaten-blume werffen, ſo wird Fleiſch und Suppe deſto wolgeſchmacker. Wann man das Fleiſch unter währendem Sieden aus den Hafen thut, und im kalten Waſſer abkühlet, ſo ſoll es weiſſer und mürber werden; Wann man aber Sauer- oder Buchampffer darbey kochet, ſo wirds gelinder. (1694.)

᷄Rindfleiſch in einer Brüh. Kochet das Rindfleiſch wie gebräuchlich iſt, wann es faſt gar geſotten, ſo ſeihet das meiſte Theil der Brüh herab, gieſſet etwas Wein daran, würtzets mit Ingber, Pfeffer und Nägelein, röſtet ein wenig Rocken-Brod im Schmaltz, gieſſet etwas Hollunder- oder andern Wein-Eſſig darzu, laſſets mit-einander aufſieden und richtets an. (1694.)

Rinds-Ribben in einer braunen Brüh oder Salſe. Beitzet ein Ribb-Stuck von vier, fünff oder ſechs Ribben acht Tag lang in guten Eſſig, hernach ſaltzets, würtzets mit Pfeffer und Nägelein, laſſets an einem Spies gemach braten; Dann bähet ein Rücken-Brod,*) ſo ziemlich Rinden hat, ſchneidet zween Aepffel und zwey ziemlich Zwiebel-Häupter darzu, laſſets in halb Wein, halb Fleiſch-brüh ſieden, bis alles fein weich worden, treibets durch einen Durchſchlag, daß das Weiſſe darvon kommt, darnach thut alles in einen Seyher, gieſſet ein wenig Malvaſier, oder ſonſt ſüſſen Wein daran, treibets noch einmal durch, ſtreuet Trhſaneth, Ingber, Pfeffer, Näge-lein und Cordamömlein darein, laſſets noch einen Wahl aufthun, richtets dann in eine Schüſſel, und leget den Ribb-Braten darauf, es iſt ein herrlich Eſſen. (1694.)

---

*) Rücken-Brod = Roggenbrot.

Rind-Zungen in Krähn oder Meer-Rettich, zu kochen.
Schabet den Meer-Rettich rein, und schneidet ihn fein
klein, thut Mandeln darzu, reibets mit einander in
einem Reib-Tiegel wol ab, thuts in einen Stollhafen
oder Kesselein, lassets in einer Hennen- oder Fleisch-brüh
miteinander aufsieden, so wirds schön und weiß, thut
Marck oder Rind-Fett darein, so wird es wol geschmack
davon; Wann nun die Zunge nach Gebühr gesotten
und gesäubert ist, so schneidets voneinander, richtet den
bereiteten Meer-Rettich erstlich an, leget die Zungen
darein, begiessets mit Rind-Fett, schauet versalzets nicht,
so ists ein zierlich gut und wolgeschmack Essen. (1694.)

Rulie du Beuf, oder auffgewickelt Rind-Fleisch. Nihm
eine Flach-Seite vom Ochsen, worin gantz kleine Knochen
sind, nihm auch Speck, schneide ihn eines Fingers lang
und dick, brauche darzu Citron-Schaalen, Lorber-
Blätter, Muscat-Blühe, Roßmarin, Nägelein, Pfeffer
und Saltz, diß alles klein gemacht, den geschnittenen
Speck damit gemänget, und auf das vorbemelte Rind-
Fleisch gelegt, dann aufgewickelt, und in ein Tuch
gebunden, und gekocht, biß es gar ist, legs dann
zwischen zwei Bretter, und lege einen Stein darauff,
daß es kalt wird; Wann es soll gebraucht werden,
so schneide es in dünne Scheiben, und richte es an,
so ists fertig. (1701.)

Das Dritte Capitul.

Vom Kalb-Fleisch.

Boding von Kälber-Füßen. Brühe die Kälberfüße
fein sauber ab, daß sie weiß werden, schneide sie in
der Mitten entzwei, koche sie in Wasser gar, schneide
dann die Sennen und das Fleisch darvon ab, thue sie
in eine Castrol- oder Schmor-Pfanne, thue darzu vier

geriebene Semmel, von 6. Eyern das weiſſe, ein Pfund
Rind=Fett gehackt, Muſkaten=Blühe, ein Viertel=Pfund
Roſinen, ein Pfund Corinthen, ein Viertel Cicat, ein
Seytel Milchrahm, ein Seytel Milch, und etwas Saltz,
rühre es wohl durch einander, gieſſe es in ein rein Tuch,
bind es feſte zuſammen, ſetze es in einen Keſſel, worinnen
Rind=Fleiſch gekocht wird, laſſe es darinnen gar werden,
mache dann einen Sooſt oder Brühe von Butter, ein
Seytel Wein, Zucker und Citronen, rühre es ab, daß es
nicht klar wird, richte den Boding an, gieß den Sooſt
darüber, ſo iſts fertig. (1701.)

Kälber=Keule braun gekocht, und Ragou darüber.
Spicke die Kälber=Keule, ſo es dir gefällig, ein wenig,
kan auch ungeſpickt bleiben; mache Butter braun, be=
ſtreue die Keule mit Mehl, lege ſie in den Butter, laß
ſie braun werden, ſetz einen Keſſel mit Waſſer zu dem
Feur, daß es kocht, lege die Keule darein, laß ſie gar
kochen, thue ein wenig braun Mehl und Saltz, mache
dann einen Ragou darüber von Artiſchocken, Morcheln,
Kälber=Prieß, und was man ſonſt haben kan; Wann
es nun gar iſt, ſo richt es an.

NB. Eben auff diſe Manier kan man Lämmer=
Keulen, und Kälber=Brüſte auch zurichten. (1701.)

**Ein Kälbern Nierenbraten einzuſchlahen in einem
Rucken Teig.*)** Vberquell den Nierenbraten in einem
geſotten Waſſer, vnd ſeuber jn auß, nimm Pfeffer vnnd
Saltz durcheinander, vnnd beſträw den Braten darmit,
ſchlag jhn darnach ein in ein Rucken Teig, back jn in
drey ſtundt im Ofen, vnd wenn es darnach kalt wirt,
ſo iſts ein herrlich Eſſen. (1581.)

Kälbern Schlegel zu braten. Spick den Schlegel mit
Speck, vnd brat jn fein im Safft, verſaltz jn nicht.

————————————

*) Rucken Teig == Roggenteig.

Vnd wenn er also gebraten ist, so mach von einem andern Braten ein wenig braune Brüh, vnd gieß ein wenig Essig darein, vnd gestossenen Pfeffer, auch ein wenig von einer Knoblochszehe, schneidt es gar klein, vnd laß es mit der Brüh sieden, vn wenn der Braten gar ist, vnnd du schier wirst anrichten, so gieß die Brüh oben darüber, so wirt es wolgeschmack von dem Knobloch. (1581.)

Gute Kälberne Schnitzlein zuzurichten. Man schneidet von einem Kalbs=Stotzen oder Schlägel, insonderheit im Winter, wann derselbige gefroren, fein lange dünne Schnitz oder Schnitten ab, schlägt alsdann dieselbige mit dem Messer=Rucken, thut ein wenig Imber mit Salz, Pfeffer, Salbey und Majoran=Blätlein, oder dürr gepülvert, darein. Ferner nimmt man das Feiste von einem Ochsen, schneidet von demselbigen lange Schnitz daraus, gleichwie man vom Speck breite Schnitze schneidet, wann man darvon den Spick=Speck machen will, legt solches über voriges, und wickelts über einander, wie eine Rolle, steckts an ein Spieß, und läfts braten, träuffts mit Butter, und so man es anrichten will, so giesset man das abgeträuffte darüber, und trägts also auf. (1678.)

Kalb=Fleisch à la Craime. Nihm so vil Kalb=Fleisch, daß es eine Schüssel gibt, koche es in einem Kessel oder Castrol zusammen gar, thue Muscaten=Blumen, Pfeffer, Roßmarin und Salz daran, wanns gar ist, nihm es heraus, laß es wohl ablauffen, leg es auff eine Schüssel, mache darzu eine Craime, von 8. Eyern das Gelbe, einen Löffel voll Mehl, geriebene Citronen=Schaalen, Muscaten=Blumen, Zucker, ein gut Stuck Butter, ein Seytel Wein, und ein halb Seytel Wasser, rühr es auff dem Feur wohl umb, daß es läffet oder zusammenlaufft, gieſſe es über das Fleiſch her, backe es in einem Ofen oder Torten-Pfanne, auch wohl mit einer glüenden Feuer-Schauffel, daß es braun wird, ſo iſt es gut.

NB. Kleine Hüner kan man auch auff dieſe Manier machen, wann eine Veränderung von diſem Eſſen ſolle zugerichtet werden, ſo nihmet man Reiß, kocht ihn, wie es brauch iſt, in Milch, gieſſet denſelben über das Kalbfleiſch, reibet Zucker darüber, backet ihn braun, ſo iſt es fertig. (1701.)

Vom Kalbfleiſch ein köſtlich Bey-Eſſen, auf Engliſche Manier zu machen. Man nimmt eine halbe kälberne Käule, und ſchneidet ſie in dinne Schnitten, hackt es an beyden Seiten wol mit dem Rucken deß Meſſers: Nehmt alsdann wol-ſchmäckende Küchen-Kräuter, hacket ſie klein, darzu ſechs Eyer-Dotter ſamt dem weiſen wol geſchlagen, thut es in eine Schüſſel, ſamt dem Fleiſch und Kräutern, mit ein wenig Saltz und Waſſer nach Belieben, arbeitet es mit den Händen wol durcheinander, thut es in eine Brat-Pfanne; darnach bächt man den halben Theil mit ungeſaltzener Butter und Wein-Eſſig, läſſets zwiſchen zwo Schüſſeln auf den Kohlen fein gemächlich ſtoſſen, und wendet es offt um. (1694.)

Kalb-Fleiſch mit Sardellen. Schneide das Kalb-Fleiſch in Stücken, waſche es wohl aus, ſetze es zu dem Feur, laß kochen, und ſchäume es wohl ab, thue Muſcaten-Blumen, Saltz, und geribene Semmel daran, nihme dann Sardellen, und mache die Graten rein heraus: Wann das Fleiſch bald gar iſt, ſo thue ſie auch daran, laß es zuſammen kochen, und richt es alſo an. (1701.)

Kalb-Fleiſch weiß gekocht mit Speck. Schneide das Kalb-Fleiſch in Stücken, ſetze es auffs Feur, und machs ein wenig ſteiff, putze es hernach in einem Topff oder

Keſſel, gieſſe darnach gekocht Waſſer darauff, und ſaltze es, thue gehackten Speck, Pfeffer, Muſcaten=Blumen, und ein wenig Thimian darzu, brenne auch weiß Mehl daran, gieß ein wenig Wein= oder Bier=Eſſig darzu, laſſe es dann durchkochen, ſo iſt es gut.

NB. Die Hirſch= und wilde Schwein=Brüſte kan man eben auff diſe Manier kochen. (1701.)

Eine Kalbs-Bruſt zu kochen. Man kocht die Kalbs-Bruſt mit Waſſer und Saltz, thut darzu wolſchmeckende Küchen=Kräuter, läſts ſieden, bis fein mürb wird, darnach nimmt man etwas von der Brühe, und macht ſie dick mit hart geſottenen Eyern: legt das Fleiſch auf eine Schüſſel, thut Weinbeer=Safft, Butter und Capern in die Duncke, und macht ſie dick mit rohen Eyerdottern, ſo gerührt ſeyn müſſen, und gieſſet ſie über das Fleiſch, welches auf Brodſchnitten gelegt ſeyn ſolle, trägts auf. (1678.)

Ein gehacktes Bey-Eſſen von Kalbs-Füſſen, auf Engliſche Art. Man nimmt zwei Kalbs=Füß, kocht ſie mürb, und ziehet die Haut ab, ſchneidet ſie gantz klein mit der Krume von zwey Semmel=Brod, durch einander vermengt, alſo daß mans nicht unterſcheiden kan, was es ſey. Alsdann nimmt man ein halb Pfund Ochſen=Fett klein geſchnitten, die Dottern und das Weiſſe von Eyern, rührt es wol durch einander: darnach nimmt man, eine Handvoll kleine Roſienlein, miſcht alles durcheinander mit wenig Saltz, und etwas gerieben Mußcat=Nüß und Zucker, oder was man ſonſten für Gewürtz haben will, thut es hernach in ein Kalbs=Netz, ſo wie ein Säcklein zuſammen genehet ſeyn ſolle, darnach thut man ein gut Theil Ochſen=Marck darzu, bindet es in ein Serviet, läſts zwo Stund lang im Waſſer ſieden. Nehmts heraus, und beſteckt es mit abgeſchölten Mandeln, gieſſet darüber Weinbeer=Safft, Butter und Zucker. (1678.)

Kalbskeule im Topf. Diese Speise ist zwar ein=
fach zu bereiten, aber im Geschmacke so was einziges,
daß sie auch den leckersten Gaumen gewiß befriedigen kann.

Man nimmt aus einer Kalbskeule gerade die
mittelste Dicke, welche 6 bis 8 Pfund wiegen kann;
solche muß gehörig mortificirt*) seyn; dann nimmt man
einen irdenen Topf, wo die Keule so eng, als möglich,
hineingezwungen werden kann, thut dabey 2 Zwiebeln,
eine Mohrrübe, eine Petersilienwurzel, einige ganze
Pfefferkörner, etwas wenig Salz, den Saft von zwey
Zitronen, und zwey gute Anrichtelöffel voll Jus, legt
oben über die Keule einige Scheiben Schinken, deckt
den Topf mit einem Deckel zu, und beklebet die Oeffnung
mit einem Eyerteig, läßt den Topf auf gelindem Feuer
ins Kochen kommen, und setzt ihn in einen Backofen,
der so heiß ist, als wenn man Pasteten darin backen
wollte, und läßt ihn zwey Stunden ununterbrochen darin
kochen. Wenn angerichtet wird, wischt man den Topf
mit einem Tuche recht rein ab, daß kein Staub oder
Schmutz daran sey, setzt ihn auf eine Schüssel, und
giebt ihn ungeöffnet zur Tafel. (1778.)

Ganz-gebratene Kalbs-Leber. Spicket die Leber wol
mit Speck und Salbey, bestreuets mit Salz, steckets an
Spies, bindets fein an, daß nicht herabfalle, schauet
verbrennets nicht, wann das Netz braun und die Leber
gar ist, so ziehet das Netz herab, ist es aber nicht schwartz
oder verbrandt, so möget ihrs wol daran lassen,
Machet eine braune Brüh darzu, von einem Rinder
Braten abgegossenen, oder von dem so von der Leber
geträufft ist, nehmet ein wenig Essig darunter, und ge=
stoffenen Pfeffer, sehet zu, daß ihrs nicht versaltzet, lasset

---
*) Eine gewisse Zeit hängen oder liegen.

auffieden, und wann ihr die gebratene Leber anrichtet, so giesstets darüber, es ist gut und wolgeschmack. So können auch, auf alle Arten, Schaff=, Geis= auch Schweins= Lebern bereitet werden. (1694.)

Pain de Veau, oder gehackt Kalb=Fleisch, als ein Brodt gemacht. Hacke Kalb=Fleisch und Rindern=Fett durcheinander, thue Saltz und Gewürtze daran, wann es klein ist, so mache ein Brodt davon, schneide dünnen Speck, lege es auf einen silbernen Deller oder steinerne Pfanne, was du hast, bestreiche es mit Eyer, und streue geriebene Semmel darüber, setze den Deller in eine Torten=Pfanne oder Ofen, laß es gar bachen, und richte es dann an.

NB. Man kan auch, so es jemand beliebet, einen Ragou darüber machen, welches auch gut ist. (1701.)

Raviolen von Kalbs=Nieren zu bereiten. Nehmet den Nieren samt dem Fetten von einem Kalb, hackts mit Peterlein, Mangolt, grün Kraut oder Spinat, schweifts in Butter, nehmet gerieben Brod und Käs, Zimmet, Pfeffer; Machet dann einen Taig von Meel, Eyern und Waffer an; wälchert ihn gantz dünn, thut dann das Gehäck auf den Taig, formiret daraus runde oder vierekichte kleine Kräpfflein, legts dann in eine Schüffel mit Butter, Ingber, Pfeffer, Muscaten=Blumen und etwas guter Fleisch=brüh, setzets auf Kohlen, reibet Parmesan=Käs darüber und saltzets. Oder ihr mögets mit klein=gehackten Mandeln bestreuen. (1694).

Retty oder gebackene Kälber=Nieren. Nihm einen gebratenen Kälber=Nieren, mit dem Fette, und hacke es klein, thue geriebene Semmel, Zucker, Zimmet, und sechs Eyerdotter daran, hacke das alles durcheinander, nihme die Semmel=Scheiben, schmiere es Finger dick darauff, und backe es dann in einer Tarten=Pfanne gar, so seynd sie gut. (1701.)

Das vierdte Capitul.
Vom Hammel- und Lamm-Fleisch.

Fricassée von Lamms-Lungen. Koche die Lamms-
Lungen beym Feur gar, und schneide sie dann in
dünne Scheiben; Thue dann geschnittene Zwibeln und die
Lamms-Lungen hinein, gib Pfeffer, Muscaten-Blumen
und Salz daran, gieß ein wenig Fleisch-Suppe darauff,
und laß es kochen; Wann du es bald anrichten wilt,
schlage 6. oder 7. Eierdotter aus, rühre es mit Wein-
Essig ab; Wann du es wilt anrichten, so gieß die
Eyer daran, und laß es sämig werden, so ist es fertig:
Ehe du es aber anrichtest, versuche, ob es genug gesalzen ist. (1701.)

Gallinafreh.*) Nihm eine gebratene Hamel-
Keule, und schneide das braune herumb ab, schneide
das andere schier Fleisch in dünne Scheiben, mache
ein wenig braun Mehl, und giesse Schüest darzu, hacke
Knoblauch gantz klein, thue den auch daran, wie auch
Pfeffer, Champignons-Puder, Sals, und ein Stuck
Speck mit Nägelein, und laß es darmit kochen; Wann
du es bald anrichten wilt, so thue das Fleisch darzu
hinein, und passier es damit durch, und richt es dann
an, so ist es fertig. (1701.)

Ein gefüllte Brust von einem Hammel zu zurichten.
Nimm saure Milch, schlag darein Eyerdotter, vnd ein
wenig Mehl vnd Essig, setz es auff das Feuwr, vnd
rürs durcheinander, biß daß auffsieudt, vnd wenns auffgesotten hat, so streichs durch ein Härin-Tuch, Vnnd
wenn die Brust gesotten ist, geußt man die Brüh oben
darüber, thu daronter ein wenig vngeschmälzte frische
Butter, laß darmit ein Sudt aufthun, so ist es gut.

---

*) Gallinafreh = Zerschnittene Hammelkeule.

Solche Brüh ist gut ober vielerley Fleisch, daß gekocht ist. (1581.)

Ein Gehacktes von einem Hammel-Keul zu machen. Nehmet einen Schöpsen= oder Hammel-Keul, und hacket sie gantz klein, mit einem guten Theil Fettes, darnach thut sie in einen irrdenen Topff, und setzet ihn auf Kohlen, mit ein qvart Claret=Wein und ein wenig Schöpsen=Fleischbrühe: Darnach thut Rosinen, Datteln, Zwetschgen, Saltz, Nägelein und Muscatenblümen darzu, lasset sie zusammen darinnen weichen, bis ihr meinet es sey genug: Darnach traget sie auf. (1694.)

Hammelkeule à l'Estoufade Man nimmt eine gut mortificirte Hammelkeule, durchzieht sie mit grobem Schinkenspeck, welcher halb fett und halb mager ist, nebst einigen Schalotten und einigen Stücken Rocambol, marinirt solche mit fein gehackten Schalotten, Provenceröl, Salz und Saft von 2 Zitronen, läßt die Keule eine Nacht darin stehen. Will man die Keule den Mittag geben, so macht man einen hartgebrannten Teig, wie man ihn zu harten Pasteten gewöhnlich macht, rollt ihn einen halben Finger dick aus, umbindet dann die Hammelkeule rundum mit Speckscheiben und darüber mit Papier, dann schlägt man sie in den Teig, damit nirgends eine Oeffnung bleibe, legt sie dann in einen Haufen recht glühender Asche, wirft einige Schaufeln glühender Kohlen über die Asche von Zeit zu Zeit, so wie sie ausgelöscht sind, und läßt die Keule so 4 Stunden in ihrem eigenen Safte kochen; wenn angerichtet wird, nimmt man die Keule aus der Asche, wischt letztere rein ab, macht den Teig, Papier und Speck davon ab, legt die Keule auf die Schüssel, und giebt eine gute Sauce dabey. (1778.)

Hammel-keule mit Cucumern oder Augurken. Schele

und schneide die Cucumern*) in Scheiben, auch rund ge=
schnittene Zwibeln darzu, thue Butter in ein Castrol=
Pfanne, lasse sie braun werden, thue dann die Cucumern
sambt den Zwiebeln hinein, auch Muscaten=Blumen,
Pfeffer, Nägelein und Saltz darzu, laß es ein wenig
schwitzen, giesse Bovillon und ein wenig blanck Wein=
essig darein, laß es zusammen aufkochen, gieß den
Soost über die gebratene Hammel=Keule, so ist es gut.
(1701.)

Einen Hammel= oder Schöpsen=Keul zu braten. Nehmet
einen Schöpsen=Keul, ziehet die Haut ab, so dünne als
ihr könnt, spicket sie mit süssem Speck, und stecket ohn=
gefehr 12. Nägelein darein, wann sie halb gebraten ist,
schneidet drey oder vier dünne Stücklein davon, und hacket
sie gantz klein mit wenig wolriechenden Kräutern, und
ein wenig gestossenen Ingber, giesset einen Koch=Löffel
voll Claret=Wein darzu, ein Stück ungesaltzener Butter,
zwey oder drey Löffel voll Weinbeer=Safft, ein wenig
Pfeffer und etwas Capern, die nur obenhin gesotten
haben. Darnach hacket einen harten Eyer=Dotter darein,
und bestreuet die Schöpsen=Keule mit Meel, und traget
sie in der Brühe auf. (1694.)

Hammel=Schnitten zu stopfen.**) Nehmet eine Schöpsen=
Seite, und hauet sie in kleine Stücke, Knochen und
alles daran, machet sie rein, und thut sie in einen Topff,
mit ein Qvart weissen Wein, und ein wenig Wasser,
und lasts also sieden, schäumets wol ab, und thut
alsdann eine gute Hand voll Petersilien darein, mit
sechs Zwiebeln, beyde klein gehackt, gantze Nägelein,
Muscaten=Blumen und Saltz: Wann es genug ist, so
tragets auf den Tisch. (1694.)

Hammelschwantz zu kochen. Nimm den Schwantz,

---

*) Cucumern = Gurken. **) Stopfen = stofen.

vnd quell jn wol in einem Waffer, vnd wenn er wol
gequellt ift, so seuber jn auß, vnd thu jhn in einen
vberzinten Fifchkeffel, nimm die Brüh, darinn du den
Schwantz haft gequellt, vnnd seig die durch ein Härin
Tuch, Nimm ein gefchelte Zwibel oder zwo, die nicht rot
seind, schneidt sie klein, vnd thu sie darein, vnd laß
darmit sieden, vnd wenn du vermeineft, daß sie schier
gesotten seind, so mach sie ein wenig seurlich, laß sie
widerumb damit sieden, vnnd thu ein wenig Jngwer
darein, so wirt es gut vnd wolgeschmack. (1581.)

Lambs-Braten mit einem grünen Sooß. Nihm grün
Korn oder Rocken, wasche ihn ab, thue ihn in einen
Mörser, darzu ein wenig Pfeffer, Knoblauch, und ein
wenig geröftet Rocken-Brodt, welches im Essig gelegen,
stosse es zusammen klein, und gieß ein wenig von dem
Essig zu, darinn das Brodt gelegen ift, streiche es
durch ein Haar-Tuch, und giesse es unter den Lambs-
Braten, so ift er fertig. Beftreue den Braten, wann er
bey dem Feuer umbgehet, nihm Waitzen-Mehl, so
schäumet er, und wird schön. (1701.)

Das Fünffte Capitul.

Vom Wildpret, wild- und zahmen Schwein-Fleisch.

Gelb eyngemachten Hafen. Nimm Schweiß von
einem Hafen, vnd den gantzen Hafen, wenn du jn auß-
gezogen haft, steck jn an ein Spieß, vnd brat jhn an
die statt, nimm den Schweiß, vnd ein gute Rindtfleischbrüh, vnd Essig, schneidt darein Zwibeln, Brot, vnd
ein Apffel oder zween, laß es darmit sieden, streich den
Schweiß durch ein Härin Tuch, nimm klein gehackte
Zwibeln, die wol geschweißt in einer Butter, oder
Schweinen Schmaltz, machs an mit Pfeffer, Neglein,
vnd geftoffen Zimmet, thu sie in den Hafen Schweiß,

laß darmit auffſieden, ſo wirt es lieblich vnnd gut,
magſt es ſaur machen, oder ſüß laſſen.   Nimm darnach
den gebraten Haſen, ſchneidt jhn zu ſtücken, vnd thu
jn in Schweiß, laß ein Sudt auffthun, ſo iſt es ein
guter Haſenpfeffer.   Du kanſt ein ſolchen gebratenen
Haſen auch kochen in einem Geſcharb, es ſey Mandeln
oder Epffel, es ſey auff Pancketen oder Hochzeiten, ſo
eſſens die Weiber gern. (1581.)

Gebraten Haaſen kalt. Wann ihr wolt einen gebratenen Haaſen kalt geben, ſo machet ein Mandel=
Geſcharb darunter, daß kein Butter darein komm, ziehet
die Mandeln ab, ſchneidet ſie klein, und nehmt Wein=
beerlein darunter, reibet einen Weck, machts ab mit
Wein, Eſſig, Pfeffer und mit Saffran, thut auch ein
wenig Zucker darein, laſſets miteinander ſieden, bis
daß dick wird, wann es geſotten, ſo ſchüttets in eine
Schüſſel, und laſſets kalt werden, ſo wird es gut, und
wann ihr es wollt anrichten, ſo leget den gebrattenen
Haaſen in das Geſcharb.   Alſo machet man die kalte
Geſcharb von Mandeln und Aepffel, da kein Fett ein=
kommt;   So bald Fett daran kommt, ſeynd ſie nicht
gut zu eſſen. (1694.)

Junges Häslein füllen und braten. Richtet das
junge Häslein zu, wie die alten, aber ſchneidet ihm den
Bauch nicht gar auf, nehmet ihm ſein Eingeweyd her=
aus, waſchet das Häslein fein ſauber mit warmen
Waſſer, hernach mit Wein=Eſſig aus, bereibet das
Häslein mit ſeiner eigenen Leber, dann nehmet ausge=
körnte Roſin, Weinbeer, abgezogene und geſchnittene
Mandeln, eines ſoviel als deß andern, füllets in das
Häslein, macht den Bauch wiederum zu, ſpickts mit
Speck, laſſets braten, und beträuffts mit gepfeffertem
warmen Eſſig. (1694.)

Eyngedämpfft Hirſchen Wildpret. Nimm das Fleiſch,

vnnd stecks an einen Spieß, laß es halb braten, zeuchs ab in ein Hafenkessel, vnnd schneidt Zwibeln klein daran, geuß ein gute Brüh, oder kalt Wasser darauff, laß wol sieden mit den Zwibeln, mach es ab mit Essig, Gewürtz, vnnd Wacholderbeer, laß widerumb sieden, versuch es wie es schmecket. (1581.)

Hirsch= oder Reh=Schlegel zu braten. Nehmet einen Braten, bestecket denselben mit Ingber, Zimmet und langen Pfeffer, schlagt ihn in einen truckenen Taig, daraus man gemein Brod bachen will, thut darzu Pfeffer spickt ihn im Taig, macht den Taig wol zu, und lasset ihn wol bachen, bis der Taig wol erhartet, so möget ihr ihn in der größten Hitz drey oder vier Tag gut behalten. (1694.)

Ein köstlich gut Reh=Leber=Mus zu machen. Nehmet die Leber von dem Reh, schneidet sie voneinander in drey oder vier Stuck, legets auf den Rost, und bratets zur Genüge, thuts dann in einen Mörsel, nehmet kleine schwartze Weinbeerlein, so fein sauber gelesen und ge= waschen seynd, thuts auch in den Mörsel, samt zwey oder drey gebäheten Weck=Schnitten, stosset alles wol durcheinander, und wanns wohl gestoßen ist, so zerlassets mit warmen Wein oder Rindfleischbrüh, die nicht fett ist, streichets durch ein hären Sieb; daß dick wird, thuts in einen verzienten Kessel, oder Stollhafen, würtzets ab mit Zimmet, Nägelein, Ingber und Zucker, lassets mit einander aufsieden, rührets wohl um mit einem Koch= löffel, daß es nicht anbrenne, und wanns aufgesotten ist, so versuchts, es ist ein gar gut und lieblich Essen. (1694.)

Schwein=Fleisch ohne Haut oder Schwarten zu braten. Nehmet ein klein Gliedstück schweinen=Fleisch, und legets an den Spieß zu braten, bis die Haut abstehet, darnach ziehet sie ab, und bestreuet das Fleisch mit klein=geschnit=

tenen Rosmarin, und gestossenen Nägelein, begiesset's
mit Butter und Saltz, machet eine Tuncke darzu von
Brod, Wasser, Claret=Wein, gestossenen Caneel, alles
zusammen gesotten, darnach thut Butter, Wein=Essig
und Zucker darein. (1694.)

Schweinen Wildprät in Pfeffer. Kochet das Wild=
prät, wie es gehört, nehmet dann Rocken=Brod, das
schneidet zu dünnen Schnitten, und macht es gar braun
auf einem Rost, doch daß es nicht verbrennt, nehmet
dann Essig, und gute Fleischbrühe, seihet das Brod
darein gar wol weich, streicht es darnach durch ein
Streich=Tuch, ziemlich dick, nehmet dann Apffel, die
hackt nicht gar zu klein, röstet sie in Schmaltz, thuts
in den Pfeffer, thut geschnittene Mandeln und Zibeben
darein, gewürtzt ihn mit Pfeffer, Ingber, Zimmet und
Nägelein, macht ihn wol süß mit Zucker, lasset das
Wildprät darinn sieden, gebts auf, sehet, das ihr den
Pfeffer nicht zu sauer machet, mit dem Essig. (1694.)

Ungarisch Schweins=Bratlein. Schneidet von dem
Hinter=Keul, oder von dem Ruck mit den Rippen, oder
die Braten, so hinder den Nieren seynd, sprenget's mit
Saltz ein, und stecket's an einen häslenen Spieß, henckets
samt dem Spieß in den Schornstein, wo der meiste
Rauch hingehet, und nicht grosse Hitze ist, lasset's eine
Stund oder zwo darinnen hencken, und bratet's ge=
schwind hinweg, und begiesset's mit Rinds=Feist, und
wann sie gebraten seynd, so ziehet sie ab von dem Holtz,
seynd sie gut und wohlgeschmack. (1694.)

Aur=Han oder Henne, gebraten. Rupffet den Aur=
Han oder Hennen, nachdem er zween oder drey Tag
aufgehalten oder hangen lassen, damit sie mürb werden,
nehmet ihn aus, würtzet ihn mit Ingber, Pfeffer,
Nägelein und Saltz, stecket ihn an Spieß, bratet ihn,

begießet ihn auch mit einem siedenden Wein einmal
oder etlich, brennet ihn auch mit Schmalz ein, so er
nun angerichtet soll werden, möget ihr eine Brühe dar=
über machen, vom Rheinischen Wein, Lebkuchen, Pfeffer,
Nägelein, wann diese Brühe verfertiget, nehmet ferner
Zibeben, Weinbeer, wäscht und thuts samt gestossener
Muscatenblühe, abgezogenen und länglicht geschnietenen
Mandeln, auch in die Brühe, letzlich bestreuet ihn mit
Ingber, Pfeffer, Zimmet und Trisanet, so wird er gut
seyn. (1694.)

Eine wilde Endten delicat zu kochen. Füllet die
Endten, und lasset sie halb und halb durchsieden, dar=
nach bratet sie halbick, dann kärbet sie, und verwahret
das Fette, nehmet ein ziemlich Theil Zwiebeln, Peter=
silien und Pfeffer, thut das abgekochte Fett in Töpfflein
mit ein wenig Weinbeerlein, grossen Muscaten=Blumen,
Zimmet und Wein, kochets mit der Endten, wann sie
genug gesotten hat, thut Butter darein, und Zucker, und
also traget sie auf. (1694.)

Karwenada vom Fasan. Gliedt den Fasan ab, vnd
zeuch jm die Haut ab, zerklopffs wol mit einem Messer=
rück, pfeffers vnnd saltzs, begeuß mit heissem Speck
oder heissem Rindtfeißt. Wenns fertig ist, so richt es
an zwischen zwo gebeht Schnitten, die von einem Weck
abgeschnitten seyn. Begeuß mit Rindtfeißt, vnd sträw
Salz vnnd Pfeffer darüber, oder schneidt saur Limo=
nien breit, vnd leg sie darüber an statt der gebehten
Schnitten, so ist es auff beyde manier gut vnd wol=
geschmack. (1581.)

Haselhun weiß mit einem Salat eyngemacht. Nimm
das Haselhun, setz es zu, vnd vberquells gar 'wol,
säubers darnach auß, thu es in ein saubern Fischkessel,
vnnd seig ein gute Hennenbrüh, oder ein Rindtfleischbrüh,

darüber, thu ein wenig eyngebrennts Mehl, Muscaten=
blüt, gantzen Pfeffer, vnnd Petterſilgen darein, laß das
miteinander ſieden, quell den Salat in einem geſotten
Waſſer ab, vnd kül jhn auß einem kalten Waſſer, druck
das Waſſer davon auß, thu es daran ſampt der friſchen
Butter, die vnzerlaſſen iſt, darein, vnd laß ein ſtarcken
Sudt auffthun. (1581.)

Das ſechſte Capitul.
Von Hünern und Capaunen.

Gefricuſierte Hünner. Nimm die Hünner, zeuch
jhnen die Haut ab, glid Flügel vnd Füß ab, zerklopffs
wol mit einem Meſſerrück, vnd thu in ein Pfannen
Butter, vnd laß ſie heiß werden, Wirff darnach die
geklopffte Hünner darein, vnd rößts in der Butter, ſeig
die Butter wider herab, vnd geuß darüber ein gute
Rindtfleiſchbrüh, vnnd ein wenig Eſſig und Agraſtbrüh,
würtz es an mit Ingwer vnd Pfeffer, auch mit grünen
wolſchmeckenden Kräutern, die fein klein gehackt ſeind,
vnnd mit Agraſtbeeren,*) die gantz ſeyn, laß darmit nur
ein Sudt auffthun. (1581.)

Sültz von Hünnern oder Gallrat. Glid die Hünner
ab, quell ſie wol ab, vnd ſäuber ſie auß, Nimm darnach
Kälbernfüß, hack ſie klein, vnnd ſetz es zu mit lauterm
Wein vnd Eſſig, vnd laß wol an die ſtatt ſieden, wenn
du es ſchier wirſt anrichten, ſo ſchöpff das Feißt herab,
würtz es an mit Saffran, Pfeffer vnd mit Ingwer,
laß nicht lang ſieden, daß die Farb nit verleuret,
machs ſüß oder ſaur, ſeig die Brüh von dem Fleiſch
herab, vnd ſchüt es auff ein ſaubers Bret, klaub die
Hennen herauß, und ſeig die Brüh durch ein Wüllen

---

*) Agraſt = Agreſt, ſ. Anm. auf Seite 33.

Sack, so wirt sie lauter, Geuß in die Schüssel ober die Henne, so wirt es fein gestehen, vnnd lauter werden. (1581.)

Zerfahrens von Hünnern. Nimm die Brust von den jungen Hünnern, schneidt sie vom Bein hinweg, vnnd hacks klein sampt dem Kälbern Feißt, hack darunter Eyer mit dem gelben vnd weissen, thu es in ein saubern Fischkessel, mit einer guten Hennenbrüh, die nicht versaltzen, und rürs vmb auff den Kolen, daß nicht anbrennt, wenns auffgesotten hat, so laß gemach sieden, etwan ein viertel stundt, so wirt es gut vnd wolgeschmack. (1581.)

Ein Kappaunen gekocht schwartz. Nimm den Schweiß von dem Kappaunen, auch Wein vnd Essig zu dem Schweiß, vnnd etliche Eyerdotter darunter, laß es durchlauffen durch ein Härin Tuch, vnnd thu es in ein saubern Fischkessel, machs an mit Pfeffer vnd Zimmet mit ein wenig Saffran vnd Negelein, zuckers wol, vnd rürs wol vmb, laß es darmit auffsieden, vnd rürs vmb, daß ein saum gewinnet, biß daß auffseudt, vnd wenns auffgesotten ist, so schaw, versaltz es nicht, geuß ober den Kappaunen, so ist es ein herrlichs schwartzes Essen. Also macht mans für die Vngerischen Herrn, so ist es auch lieblich, gut, vnd ein herrlichs Essen. (1581.)

Capaunen mit Aepffeln delicat gekocht. Lasset den Capaun halb und halb in Wasser und Saltz sieden, darnach thut das Marck von zwey oder drey guten Knochen in ein Töpfflein, giesset ein Quart weissen Wein darzu, schneidet ein wenig Muscaten-Nüß, drey oder vier Datteln, und etwas Zucker: Darnach schählet etliche Aepffel, und schneidet sie in vier Theile, thut sie in ein Töpfflein, und decket sie mit Zucker und Wasser zu. Darnach machet Schnitte von Zweyback:

Alsdann nehmet die Dottern von sechs hart=gesottenen Eyern, und schlaget sie durch mit Weinbeer=Safft, und etwas Brühe, darinn der Capaun gesotten hat, thut sie zu den Aepffeln, mit ein wenig Speck, oder Spanischen Wein, rühret sie durcheinander um, und traget den Capaunen damit auf den Tisch. (1694.)

Einen Capaunen delicat zuzurichten mit frischen Wall-Nüssen. Nehmet frische Wall-Nüß, die sauber ge= schählet seyn, auch frische geschählte Mandeln, stossets miteinander, nehmet darnach einen Weck, der in einer Capaunen=Brühe, die nicht fett ist, geweicht hat, wanns zu dick will werden, so nehmet ein wenig kalte Brühe von einem Capaunen, machet sie mild, thut auch ein wenig Knoblauch darunter, gebts unter oder über einen Capaunen. Die Speis nennet man auf Welsch Maniade. (1694.)

Grillade*) von Calcunen oder Capaunen. Nihm ge= bratene Calcunen, schneide sie in Stücken, so groß als du wilt, schneide sie über her mit einem Messer, wie ein Finger tief in das Fleisch hinein, kehre oder wende es in Butter umb, bestreue es mit Pfeffer und Saltz, lege es auff einen Rost, und laß es braten, daß es durchher warm; Nihm eine Schüssel, und mache einen Soost darinn von Wasser, Essig, Citronen=Safft, Pfeffer und Saltz, richte dann die Capaunen oder Calcunen darauff an, so ists fertig.

NB. Auff dise Manier kan man auch einen Schaaf-Bög, Reb=Hüner, oder andere kleine Hüner zurichten. (1701.)

Hüner in gelber Brühe. Nehmet Rindfleisch=Suppen, und die Hüner=Lebern, treibets mit einem Eyerdottern durch, saltzets ein klein wenig, dann nehmet gestoffenen

---

*) Grillade = auf dem Rost gebratenes Fleisch.

Ingber, und so viel gestossene Nägelein, Muscatenblühe und Zimmet zusammen, als der Ingber allein ist, giesset Wein daran, lassets sieden, richtets über die Hüner. (1694.)

Hüner in grauer Brühe. Schneidet die Hüner in vier Theil, stosset Petersilien, treibet ihn mit Eyern und Hüner=brühe durch, rühret die Brühe in einem absonderlichen Pfännlein, bis es Faum giebet, würtzets mit Pfeffer, Zimmet und Zucker, thut ein wenig Stichel= beerlein daran, machets, daß weder zu süß noch zu sauer werde, giessets über die Hüner=Viertelein. (1694.)

Hüner in Kräu oder Meer=Rettich. Die Hüner siedet wol, stosset ein Viertel=Pfund Mandel, nehmet eine ziemliche Krän=Wurtzel, stossets besonder, treibt es mit der Hüner=brühe durch, darnach thut die Mandeln daran, wann ihr es wolt anrichten, nehmet die beste Hünerbrühe zu den Mandeln, thuts in eine Pfannen, und giessets also über die Hüner. (1694.)

Junge Hüner mit Meerrettig. Mache die Hüner rein, beuge sie fein zusammen, thue sie in einen Topff, giesse Wasser darauff, lasse sie kochen, wann sie meistens gar sind, so thue Meerrettig, geriebene Semmel, Pfeffer, Muscaten=Blumen, ein wenig Saltz und Butter daran, lasse es durchkochen, richte es an, so ists fertig. (1701.)

Junge Hüner in Ragou, und gespickt mit Schincken. Mache die Hüner rein, steiffet sie in gekochtem Wasser, schneidet Schincken, als einen kleinen Finger dick, ziehet es durch die Hüner=Brust, bestreuet sie mit Mehl, machet braune Butter, leget die Hüner darein, und lasset sie braun werden, giest dann Wasser darauff, und lasset sie gar kochen, thut Pfeffer, Nägelein, Mus= caten=Blumen, Citronen, Braunsillie, Zwiebeln, und brenne braun Mehl daran, laft es damit durchkochen; Wann

es bald soll angerichtet werden, so kostets, ob es ein
wenig säuerlich ist von Citronen, wo aber nicht, so
nehmet einen halben Löffel voll Essig darzu.

NB. Auff dise Manier kann man auch Tauben
und wilde Enden zurichten. (1701.)

**Junge Hüner oder Tauben zu kochen mit Closterbeeren,
Stichel-Beeren, Agrest*) oder Weinbeeren.** Kochet sie in
Schöpsenfleisch-Brühe, weisen Wein, Muscatenblüht und
ein wenig Saltz, füllet den Bauch mit wolriechenden
Kräutern: Wann sie genug gesotten sind, machet die
Brühe dick mit ein wenig Semmel-Brod, und zwey
oder drey harte Eyer-Dottern, durchgeseyhet mit der
Brühe, darnach giesset ein wenig von selbiger Brühe
in die Schüssel mit Weinbeer-Safft, Butter und Zucker:
Darnach schüttet die Weinbeeren oder Stichelbeeren
gantz mürbe gesotten darein, und giesset sie über die
jungen Hüner-Brüst. (1694.)

Junge Hünlein braten, daß sie schmäcken als Rebhüner.
Nehmet junge Hüner, giesset ihnen Essig in Hals,
hängets auf, und lassets verzappeln, ruffets, waschets
mit Wein aus, würtzets wol innen und aussen, mit
Pfeffer und Nägelein, setzets eine Nacht in den Keller,
alsdann steckets an, und die bratets, treiffets mit heissem
Schmaltz, darnach machet ein Brühlein darüber, und
den Schweiß von einem Koppen**) oder Hennen, thuts
in einen Hafen, rührers wol, bis es erwarmet, und
würtzets wol mit Ingber, Pfeffer, Nägelein und Zucker.
(1694.)

Spannische Hüner. Ziehe denen Hüneren die Haut
ab, theile jedes Viertel zu drey Stucken, saltze es,

---

*) Agrest = Unreife Weinbeeren, die mit Essig eingelegt
sind, sowie der aus unreifen Weinbeeren gepreßte Saft.
**) Koppen = Kapaun.

bestreue es mit Mehl, legs in ein heisses Schmaltz, laß backen, biß sie braun werden, lege sie in einen Rein oder Tiegel, gieß Fleischbrühe darüber, ein wenig Wein, würtze es, laß es sieden, wanns genug ist, lege ein Stück Butter darein. (1701.)

Hüner auff Englisch. Mache die Hüner sauber, beuge sie ein, und schneide den Hals ab, farsire den Kropff mit gehacktem Kalb=Fleisch, nihm Pappier, bestreiche es mit Butter, und bewinde die Hüner darein, und stecke sie an einen Spies, brate sie, darnach mache eine Suppe von Mandeln, thue nehmlich die Haut ab, und stoße die Mandeln klein, nihme eine Semmel=Brosam oder Kruhme, weiche sie in Milch ein, und stoße sie mit darzu, thue dann das gestoßene in einen Topff, gieß Fleisch=Brühe darauff, thue Saltz, Pfeffer, Muscaten=Blumen, und Petersillien darein, laß es zusammen kochen, streich es durch ein Haar=Tuch; wann du die Hüner anrichtest, so gieß die Suppe darüber. Die Suppe heist auf Englisch eine Caille. (1701.)

Mit Hering gespickte Hühner. Lasset das Huhn oder den Kapaunen mit Wasser ankochen, daß das Fleisch noch nicht ganz gahr sey. Zerschneidet nun frischen, oder eingewässerten Hering in solche länglichte Striemeln, daß sie, wie Speck, mit der Spicknadel durchs Fleisch können gezogen werden. Es wird aber der Hering durchgezogen, wenn das Fleisch vom Ankochen wieder erkaltet ist. Wenn das Huhn mit Hering aber gespickt ist, so zerschneidet es in seine Theile, gießet Hühnerbrühe in einen Tiegel oder Schmortopf, thut Butter dazu, und lasset das Fleisch über gelinder Hitze gahr schmoren. Zuletzt würzet noch die Brühe mit Ingwer, Pfeffer und Muskatenblumen, und machet die Brühe mit klein geriebener Semmel etwas semisch.

Um dieses Essen zu einem recht hohen Gout hinauf zu bringen, lassen einige auch die in Stücken zerschnittene Heringsmilch, wie auch noch in kleine Würfel zerschnittenen Hering in der Brühe neben dem Fleische mit einschmoren. (1778.)

Das sibende Capitul.

Von Gänß, Endten, Tauben, und kleinen Vögelen

Knödel auß dem Gänßmagen zu machen. Nimm den Magen also roh, vnn hack jn klein mit einem Rindtfeißt, vnd ein wenig Speck, würtz es ab mit gestossenem Pfeffer, vnd ein wenig Saffran, thu darvnter grüne wolschmeckende Kräuter, vnd hacks wol durcheinander, auch etliche Eyerdotter, vnd klein Brot, vnd schaw versaltz es nicht. Nimm darnach ein gute Rindtfleisch= brüh, die lindt ist, setz auff ein Feuwer, vnd laß sieden, zeuch die Knödel darein, vnnd laß sie sieden, zeuch sie auß mit einem Faumlöffel in ein laulichts Wasser, vnd säubers auß, seig die Brüh, da die Knödel jnnen ge= sotten, widerumb darüber, thu darein Mascatenblüt vnnd Pettersilgen Wurtzel, da Kern außgeschnitten. Du magst solche Knödel auff vielerley manier zurichten vnd kochen, es sey schwartz oder gelb, oder eyngedämpfft mit Wacholderbeern, wenn sie abgebrennt seind auff dem Roßt, so dämpfft mans eyn, es sey mit Petter= silgen oder nicht, ist es auff beyde manier gut. (1581.)

Eine Ganß einzusaltzen. Man nimmt eine Ganß, und saltzt sie vier Tag nach einander, darnach nimmt man Speck wolgewürtzt mit Mußcat=Nüß, Saltz und Pfeffer, spicket sie wol damit, darnach nimmt man zwey Quart weissen Wein, und ein Quart Wein=Essig von weissem Wein, und so viel Wasser, daß es die Ganß bedecken kan, thut hernach eine halbe Handvoll gantzen

3*

Pfeffer, und eine Handvoll wolriechender Kräuter, eine Handvoll Nägelein und Mußcat=Blumen, und eine halbe Handvoll Lorbeer=Blätter, sechs grosse Zweyback, sechs Häutlein Knobloch, kochet die Ganß, bis daß sie recht mürb wird, läst sie hernach in der Brühe zwölff oder vierzehn Tag lang ligen, zieret die Schüssel mit Lorbeer=Blättern, trägts zu Tisch mit Senff und Zucker. (1678.)

Ein Gans gut und wohlgeschmack zu braten. Wann die Gans rein gemacht und ausgewaschen ist, so hacket ein wenig Feistes von der Gans, oder ein Stücklein Speck, ein wenig Majoran, oder andere gute Kräuter, was man gern darinnen hat: Sonderlichen aber Bey=fuß, Saltz und Pfeffer, und füllets in die Gans; Man pfleget auch etliche Aepffel, Biern, oder Castanien darein zu füllen. Wann nun die Gans gefüllet, so machet sie unten mit einem Speilichen zu, stecket sie an einem Spieß, und bratet sie fein langsam ab. (1694.)

Gans auf Ungarisch zu kochen. Richtet die Gans zu und bratets, wie allenthalben bekannt ist, dann macht eine Brühe von Wein und Wein=Essig, schlaget Eyer daran, leget zwey Knoblauch=Haupt darzu, würtzets mit Zimmet, Muscaten, Ingber, Saffran und Mus=catenblühe, lassets sieden, und giessets auf die gebratene Gans, auch andere Geflügel. (1694).

Lerchen gebraten. Die Lerchen, (so fast der deli=cateste Vogel) werden trocken berupfet oder gepflückt, dann ziehet man ihnen die Haut über den Kopff, man nimmts aber nicht aus. Dann werdens an hölzerne oder eiserne Spießlein gesteckt, und allezeit zwischen zwo Lerchen ein Stücklein frischer Speck gelegt, auch mit gebrosamten Weiß=Brod oder Semmel=Meel, Ingber, Pfeffer und Saltz bestreuet, auch öffters mit Butter betreufft, daß sie fein im Safft bleiben. (1694.)

Junge Tauben delicat zu stofen und zu machen.
Wann die Tauben ausgenommen, und ihr sie wol ge=
waschen habt, spaltet sie im Rucken, biegts voneinander,
daß sie blatt liegen, dann schlagt mit einem schweren
Messer darauf, daß die Knochen zubrechen, und das
Fleisch mürb wird, legets also in eine Schüssel, thut
Wein, Wein=Essig, Weinbeer=Safft, Gewürtz, Saltz,
Citronen=Schalen, klein und grosse Zwiebeln, und gute
Kräuter darüber, wendet sie auch bisweilen hierinnen
um, daß sie einen Geschmack davon bekommen, hernach
nehmet sie heraus, lassets vertropffen, und röstets im
Schmaltz, wann ihr sie anrichtet, thut Pomerantzen=
Safft darüber. (1694.)

Tauben gebraten und eingedämpfft. Brate die Tauben,
und dämpff sie ein, mit Zwiebeln und Wachholderbeer,
machets fein säuerlicht, und würtzets ab mit Pfeffer
und Saffran, dämpffets ein mit Limonien, so sinds
auf beede Manier gut. (1694.)

Gespickte Tauben mit Cappern. Mache die Tauben
rein, beuge sie zusammen, schlage sie ein wenig breit,
spicke sie mit grossem Speck, bestreue sie mit Mehl,
gib ihnen Coleur in brauner Butter, thue sie dann
in eine Castrol=Pfanne, giesse Bouillon darauf, und lasse sie
kochen; Wann sie bald gar sind, so thue Cappern,
Muscaten=Blumen, Pfeffer und braun Mehl daran, laß
es zusammen kochen, richte es dann an, so ists gut.

NB. Calcunen, Gäns, Endten und junge Hüner
kan man eben so machen, ist alles gut darzu. (1701.)

Tauben mit jungem Hopfen. Setzet die in Viertel
zertheilten Tauben in einem Schmortopfe über Kohlen,
leget weiß gebranntes Mehl, ein Bündchen Thymian,
Petersilie und Pfefferkraut mit Butter hinein, damit
die Kräuter und Fleisch etwas abschwitzen. Nun gießet

kochendes Waffer hinzu, und laffet das Fleisch gahr werden. Der junge Hopfen aber wird klein geschnitten, einmal aufgefotten, deffen Waffer in einem Durchschlage abgeseihet, und nebst etwas zerstoßenen Muskatenblumen vollends gahr gekocht, zuletzt noch abgerührte Eyerdotter hinzu gethan. (1778.)

Tauben in ihrem Blute. Laß das Blut der ge=schlachteten Tauben in einen Topf, worin Effig ist, laufen, quirle es, damit es nicht gerinne; brühe oder pflücke alsdann die Tauben ab, schneide fie mitten durch, wasche fie aus, laß fie langsam in einem zuge=deckten Casserol mit Butter schmoren, thue dazu ge=stoßenen Pfeffer nebst etlichen Gewürznägelein; zuletzt gieße das Blut mit dem Effig durch einen Durchschlag dazu, auch etwas Wein. Es muß nicht wenig Butter feyn, indem kein Waffer dazu kömmt. Ist es zusammen gahr, fo wird angerichtet. (1778.)

Wachteln in Spinat gekocht. Quellet die Wachteln wol, daß fie schier gefotten feyn, feiget ein Rindfleisch=brüh darüber, nehmet Spinat, der gequellt ist, thut ihn an die Wachteln, brennet Meel darein und frische Butter, würtzets mit Pfeffer und Muscatenblüth, laffets stark miteinander auffieden, richtets an. (1694.)

Gebratene Wachteln. Wann ihr Wachteln gut und delicat braten wollet, fo nehmet faubern Grieß, und wann die Wachteln anfangen warm zu werden, fo be=streuet fie immerdar mit Grieß=Meel, bratets geschwind hinweg, fo wird es gut und wolgeschmack.

Oder wann die Wachteln schier gebraten feynd, fo bestreuet man es mit geriebenem Weck, fo werdens fein rösch, gut und wolgeschmack.

Ihr könnet auch Wachteln braten, mit fauren Citronen=Safft darüber gedruckt, fo find fie delicat und gut. (1694.)

Das Achte Capitul.

Fische zu kochen und zu zurichten.

Einen Ahl auf Englische Manier zuzurichten. Nehmet einen grossen Ahl, und schneidet ihn auf, thut die Gräten heraus, und bestreuet ihn mit Majoran, Timian, Rosmarin, Muscatblum und Muscatnuß, darnach rollet ihn zusammen, bindet ihn fest, nehet ihn zu in ein Tuch, und kochet ihn, mit Wasser und Saltz: Darnach macht ein Tuncke oder Salse dazu, von Bier, Wasser und Saltz. (1694.)

Ahl auf Frantzösische Manier zu bereiten. Nehmet einen Ahl, lasset ihm seine Haut an, reibet ihn aber in heisser Aschen wol ab, oder brühet ihn in heissem Wasser, öffnet den Bauch, nehmet das Eingeweid heraus, waschet ihn wol aus, schneidet ihn Stück-weis, doch also, daß es nicht durchaus gehe, sondern, Schnecken-weis in die Schüssel könne geleget werden, bestreuet ihn mit Saltz, Pfeffer, klein-gehackten Peterlein, Majoran und Tymian, thut ihn in einen Hafen, siedet ihn mit einer kurtzen Brühe; Wann er gnug gesotten, so lasset ihn in der Brühe erkalten, darnach thut ihn heraus, legt ihn auf einen Teller, daß er vertropffet, und setzet ihn also mit Wein-Essig auf. (1694.)

Ahl gebraten. Bereitet den Ahl, wie schon gemeldet, leget die Stücklein in eine Schüssel, thut gestossen Jngber, Pfeffer und Saltz daran, lassets eine Weil also stehen, hernach schwinget es wol untereinander in der Schüssel um, wann dieses geschehen, so wickelt ein jedes Stuck mit Salbey, und Lorbeer-Blätter, und bindet sie mit einem Faden zusammen, bestreuet sie mit Pfeffer und Jngber, legets auf einen Rost lassets braten, macht ein Schmaltz heiß, und lassets wieder

ein wenig erkalten, gieſſet etwas Wein darein und
geſtoſſenen Pfeffer, auch Ingber, ſonderlich, wo ihr die
Stücklein vorhin nicht damit beſtreuet habt, begieſſet
oder betreuffet die Ahl-Stücklein alſo, und laſſet ſie
braten, bis ſie ſchwitzen, alsdann ſind ſie gar.

NB. Ihr müſſet aber auch das Umwenden nicht
vergeſſen. (1694.)

Ahl in Pfeffer oder ſchwarz eingemacht. Machet den
Pfeffer an mit Karpffen-Schweiß, Malvaſier und ein
wenig Eſſig, reibet darzu rocken Brod, und ein wenig
Bertram-Kraut, laſſets mit einander aufſieden, ſtreichets
durch, würtzets ab mit Pfeffer, Zimmet, und Nägelein,
machets wol ſüß mit Zucker, verſaltzets nicht, laſſets
noch einmal aufſieden, ſo wird die Brühe wolgeſchmack;
Wann der Pfeffer fertig, ſo nehmet dann den Ahl,
ſchneidet ihn zu Stucken, und röſtet ihn aus der Butter,
thut ihn, in den Pfeffer, und laſſets darinnen ſieden,
ſo wird er gut und wohlgeſchmack. (1694.)

Ahl zu kochen. Dem Ahl löſet man beym Kopff
die Haut auf, und ziehet ihme ſelbige ab, nimmt ihn
aus, macht Stücke daraus, thut aber zuvorderſt das
Häutlein oder Aederlein, ſo durch den Rückgrad gehet,
fleiſſig darvon, vermittelſt eines ſtarcken Strohhalms,
damit mans durchſtöſſet, brühet denſelben alsdann mit
ſiedend-heiſſem Saltz-Waſſer und Eſſig ab, wäſcht ihn
wiederum, ſiedet denſelben alsdann mit halb Wein,
Waſſer oder Eſſig, klein-geſchnittenen Peterlein, Salbey,
Ingber, Mangolt oder Spinat, Majoran, Saltz, Pfeffer,
Ingber, Saffran oder gelb Gewürtz, und wenig friſchem
Butter. (1694.)

Gebratene Forellen. Forellen werden wie die Karpffen,
gebraten, mit Pfeffer und Saltz gerieben, und mit
Salbey gefüllet.

Ihr könnet auch über gebratene Forellen, die warm

sind, eine Coppen-brühe machen: Nehmet ein wenig
Erbis-brühe und frische Butter, ein wenig gestossenen
Pfeffer, und ein wenig Essig, siedet das miteinander,
samt den Cappern, giessets darnach über die gebratene
Forellen, daß fein warm auf den Tisch kommt. (1694.)

Forellen mit Senff gekocht. Siedet die Forellen
trucken ab, daß sie fein blau sind, zeucht sie auf eine
Schüssel, und giesset eine lautere Erbes-brühe darüber,
thut frische ungeschmälzte Butter darauf, und lassets
miteinander auffsieden in der Schüssel. Und wann ihr
es wollet auf einen Tisch geben, so giesset Senfft, der
mit Wein-Essig ist angemacht, darüber, so wird es gut
und wolgeschmack. (1694.)

Trucken-blau abgesotten Forellen. Nehmet halb
Wasser, halb Wein und Salz darein, doch daß ihr es
nicht versalzet, setzet es auf das Feuer, und lassets
sieden. Nehmet die Forellen, thut sie auf, und waschet
sie fein sauber aus; Wann ihr sie habt ausgewaschen,
so giesset guten sauren Essig darüber, der fein laulicht
ist, so werden sie schön blau; Wann das Wasser und
Wein siedet, so schüttet die Forellen darzu in die
Pfannen oder Fisch-Kessel, schauet, daß ihrs nicht versalzet. Gebets dann mit Petersil oder Blum-Werck
bestreuet auf einer Schüssel, trucken in ein Serviet
eingeschlagen auf den Tisch.

NB. So man die Forellen trucken aufgiebt, soll
man Rosen-, Himbeer- oder Nägelein-Essig, der schön
roth ist, darbey setzen. (1694.)

Marinirte Forellen. Man bestreuet sie nach dem
Ausnehmen und Kerben auf beyden Seiten mit Salz,
trocknet sie nach einigen Stunden wieder ab, bestreicht
sie mit Butter, und bratet sie unter öfterer Wieder-
holung dieses Bestreichens auf dem Roste gahr. Man

legt sie nun in eine Schüssel, bestreuet sie mit gröblich zerstoßenem Pfeffer, Muskatenblumen und Zitronscheiben, sprenget Weinessig, so viel nöthig ist, darüber, und trägt sie in dieser Brühe zu Tische. Auf solche Weise kann man mit mehr andern Fischen verfahren, wenn man sie in der Geschwindigkeit marinirt essen will. (1778.)

Würst vom Hecht. Nimm den Hecht, vnnd seudt jn trucken ab, zeuch jn auß auff ein Bret, vnnd laß jhn kalt werden, zeuch darnach die Schupen herab sampt der Haut, brich den Fisch voneinander, vnnd klaub die Grädt herauß. Nimm darvnter ein Weck, der im Wasser geweicht ist, druck jhn wol wider auß, vnd thu es vnter den Hecht, vnd hacks klein, wenn du es klein gehackt hast, so nimm etliche Eyerdotter, ein wenig Jngwer vnnd Butter, die vnzerlassen ist, seig es durch ein Sib, vnnd hacks durcheinander, mach dünne Pfantzel, vnnd schlag die Füll darein, vnnd mach Würst darauß, back sie in einer Turten=Pfannen, vnnd setz auff Kolen, setz ein Plechene Deck darauff, vnnd leg glüende Kolen darüber, daß oben vnd vnten Hitz gehet, vnnd schaw verbrenn es nicht. Also macht man Würst von einem Hecht. Vnd die Würst kanstu auch backen. Du kanst auch den Hechtmagen füllen. (1581.)

Hecht in Petersillien. Man nimmt Petersillien= Wurtzel etliche, schabt, reinigt und wäscht sie, hernach sechs Zwiebeln darzu, zwey Maaß Wasser, siedet es zusammen in einem Hafen zwey Stund lang, nimmt hernach die Petersillien samt den Zwiebeln und einer Schnitten gerösten Brod, treibs mit dieser Brühe durch einer Seihe, thut alsdann Essig, Saffran, Zucker und Pfeffer daran, lässet alsdann den Hecht in einem andern

Waſſer abſieden, und wann er genug geſotten hat, ſo gieſſet man daſſelbige Waſſer, worinn er geſotten worden, darvon ab, und vorbeſagtes und gute durchtriebene Brühe daran, ſetzts übers Feur, läſts wieder einen guten Sud thun, und richtet es an. (1678.)

Hecht auf Frantzöſiſch zu bereiten. Siedet den Hecht in dem Saltz=Waſſer, ſo lang als harte Eyer, gieſſet die Brüh herab, und hergegen eine Erbis=brüh über den Hecht, laſſet wieder einen Wall aufſieden, dann thut ein Theil herab, ſtoſſet eine gantze Muſcaten, hacket Peterſilien, thut Butter, Ingber und Pfeffer daran, laſſets noch einmal ſieden, richtets darüber, und gebets fein warm auf den Tiſch. (1694.)

Einen gefüllten Hecht zu bereiten. Schuppet den Hecht, darnach ziehet ihm die Haut ab, wie einem Ahl, doch daß der Kopff und Schwantz daran bleibe, nehmet das Fleiſch vom Hecht, hackets klein, nehmet Peterlein, Pfeffer, Nägelein und Muſcat=blüth, ſchneidet auch eine Ingber=Zehen daran, rührets wol untereinander, kehret die Haut um, und füllet die Füll hinein, ſo offt ihr ein wenig hinein füllet, ſo thut ein wenig Bach=Schmaltz darzwiſchen, nehet ihn fein zu, und bratet ihn auf den Roſt, gieſſet ihn offt mit heiſſem Schmaltz, alsdann traget ihn für, das iſt ein Böhmiſch Eſſen. (1694.)

Hecht gelb auf Ungariſch gekocht. Nehmet Zwiebeln und Aepffel, ſchneidet und hacket ſie klein, nehmet einge= weichten Weck oder Semmel darzu, auch grün Bertram= Kraut, hacket alles wol durcheinander, laſſets in Waſſer ſieden, bis die Zwiebeln weich werden. Nehmet darnach lauter guten Wein und ein wenig Eſſig, laſſet es damit aufſieden. Alsdann den Hecht, von dem zuvor die Haut geſchnitten, gewaſchen, geſaltzen und in Stücken gehauen worden, in die Brüh geleget, und in einer

Pfann oder Fisch=Kessel auf ein rösch Feuer gesetzet, und sein risch sieden lassen, machets ab mit Gewürtz, Pfeffer und Saffran, machets wol süß mit Zucker, thut auch gesaltzene Lemonien, fein breit Blätz=weis geschnitten, darein, so wird die Brüh fein dick von den Aepffeln und Zwiebeln, vom Brod aber wohlgeschmack. (1694.)

Hecht in einer Pohlnischen Brüh oder Salse. Nehmet einen ziemlich grossen Hecht, (einen oder mehr,) schüppet und siedet ihn in halb Essig und Wasser, giesset hernach diese Brüh herab, hingegen folgende über den Hecht; Siedet Zwiebeln in Wasser, seyhets wieder ab, bähet eine Schnitten weis Brod, schneidet ein paar wohlge= schmacke Aepffel zu dem Weck, thut beedes in Wein, siedet es, wann dieses geschehen, thut auch die Zwiebeln darein, ihr müsset aber dieselben vorher wol ausdrücken wann es dann zu truncken ist, giesset ein wenig Mal, vasier daran, lasset es wiederum sieden, thut Zucker= Trisanet, Ingber, Pfeffer, Cordamömlein und Saffran, daran, giesset es, wie gedacht, über den Hecht, ihr möget auch rundgeschnittene Limonien darzu thun, lasset es noch einen Wall auffsieden, so ist es ein gut Gericht (1694.)

Gebackene Hechte mit Meerrettig gekocht. Schuppe die Hechte, und bestreue sie mit Saltz, kehre sie in Mehl umb, backe sie in Butter, thue sie in ein Castrol=Pfanne, und gibe eine gute Hand voll Meerrettig darzu, ein Seydel Wein=Essig, ein Seydel Wasser, und auch Zucker, daß es süß wird, thue gute Butter daran, laß es dann zusammen gar kochen, richte es an, so ist es fertig. (1701.)

Hechte mit Sardellen und Wein gekocht. Schuppe die Hecht, und koche sie gar, sie müssen aber nicht vil

gesalzen werden; Nihme dann Sardellen, und mache
sie von den Graten ab, mache die Höchte mit guter
Butter, geriebener Semmel, Muscaten-Blumen, und ein
wenig Pfeffer, wie auch die Sardellen damit ab, giesse
dann ein wenig Wasser und Wein darzu, und laß sie
zusammen durchkochen, so ist es fertig. (1701.)

Hechte mit Heringsmilch. Gerissener*) und in Stücken
zertheilter Hecht wird in eine, auf einem Triangel,
über Kohlen gesetzten Schüssel mit Butter hineingelegt,
recht fein gehackte Heringsmilch, Muskatenblumen und
Zitronsaft, auch Zitronscheiben hinzu gethan, eine andre
wohl passende Schüssel übergedeckt, und so lange durchge-
schwitzet, bis der Fisch gahr geworden. Damit die
Heringsmilch nicht zu salzigt sey, so muß man sie etwas
ausgewässert haben. Statt der Heringsmilch können
auch klein gehackter, von Gräten entledigter, Hering
oder Sardellen genommen werden. (1778.)

Frische Hering zu bereiten. Wann die Heringe frisch
aus der See kommen, siedet sie in Essig fein blau ab,
gebet sie trocken, oder giesset Essig und Butter darüber,
sie sind auf beyde Manier gut. (1694.)

Hering zum Braten einzumachen. Die gesalzenen
Hering, wann die gewässert seynd, schneidet voneinander,
leget sie in Milch, und lassets darinnen weichen eine
Stund oder zwo. Wann sie weich sind, so leget sie
auf einen Rost, bratets geschwind hinweg, richtets in
eine Schüssel, giesset Butter, die lauter ist, darüber,
oder abgemacht mit Senff. (1694.)

Karauschen in Zwiebeln gesotten. Schneidet Zwiebeln
klein, setzet sie auf mit Wasser, und lasset sie sieden,
nehmet die Karauschen, schuppet sie fein sauber aus,

---

*) Gerissener = Aufgeschnittener.

faltzets ein, laſſets eine Weil im Saltz liegen, wann die Zwiebeln geſotten ſind, ſo nehmet die Karauſchen, und ſtreichet das Saltz davon ab, leget ſie in Wein=Eſſig, Pfeffer und Saffran, ſchauet, verſaltzets nicht, laſſets auch darmit ſieden, ſo wird es gut und wolge=ſchmack, ihr könnets kalt oder warm geben, ſie ſind auf beyde Manier gut. (1694.)

Karauſchen zu kochen. Karauſchen mögen faſt aller=dings wie die Karpffen geſotten und bereitet werden, ſie ſchmecken gerne nach dem Mooß, darum ſoll man, wann mans in Saltz=Waſſer abſiedet, etliche glüende Kohlen darein werffen, die benehmen ihnen den moſich=ten Geſchmack. (1694.)

Gebratene Karpffen. Der Karpffe, (der ziemlich groß, und ein Rögner ſeyn ſoll) muß geſchüppt und ausgenommen auch mit einem Meſſer am dicken Fleiſch hin und her geritzt oder gekerbt und durchſtochen, dann mit Jngber, Pfeffer und Saltz innen und auſſen wol ge=rieben werden; Der Rogen oder Eingeweyd wird gleich=falls mit Gewürtz, Saltz, Salbey, oder andern guten Kräutern durcheinander gehackt, und wieder in den Fiſch gefüllet, auf den Roſt oder in die Reuſſen gelegt und gebraten. Unter währenden Braten, ſoll man den Fiſch mit zerlaſſenem Schmaltz, Eſſig und Saltz, da=runter Saffran und Pfeffer vermiſchet iſt offt beſtrichen, und fein langſam oder ſittlich braten laſſen. Solche Brat=Fiſche mag man warm oder kalt aufgeben; Gibt man ſie warm, ſo mag man eine Brühe oder Salſe von gebähetem weiſſem Brod in Malvaſier oder ſonſt guten Wein gebeiſſet und zerlaſſen, mit Zucker, Zimmet und Nägelein, oder mit Triſanet bereitet, darüber oder darunter gieſſen, und alſo aufgeben. Gibt man ſie aber kalt, ſo ſtellet man in einem Schüſſelelein, Eſſig mit Pfeffer, Jngber und Saltz vermiſchet darneben. (1694.)

Gesottene Karpffen. Die Karpffen werden sauber gewaschen, geschüppt, ausgenommen, die Galle darvon gethan, der Schweiß, (so man sie schwartz, oder in einen Nägelein-Sod bereiten will) aufbehalten, alsdann Stück-weis, samt dem Schweiß, halb guten Wein, halb Essig in eine saubere Pfanne gethan, bey guten hellen Feuer gesotten, mit Saltz, ein wenig- aber wolgebrannten Meel, Jngber, Pfeffer, Nägelein und Muscaten-blüth abgewürtzt und gar gemacht, die Brühe etlichmal ab- und wieder übergegossen, wann sie dann recht ausgekocht und allerdings fertig, alsobald samt der Brühe aus der Pfannen gethan, damit selbige den Geschmack von der Pfannen oder Kesselein, sonderlich so selbige kupffern oder Messing, nicht an sich ziehen; Welches dann ins-gemein bey dem Fischsieden wol zu beobachten ist.

NB. So man aber den Schweiß davon lasset, werden die zerstückte Fisch gewaschen, mit gebranntem Meel, Jngber, Pfeffer u.a.m. ausgemacht. Deßgleichen mag man auch gelb Gewürtz oder Saffran darein thun. (1694.)

Karpffen auf Italiänisch gekocht mit Savoyschem Kohl. Schuppe die Karpffen sauber ab, koche sie aus dem Saltz, nihm den Savoyer-Kohl, schneide den in Stucken, und koche ihn auch gar in Wasser und Saltz; dann thue es zusammen in ein Schüssel, auff daß das Wasser ablauffe, richte dann die Karpffen und Kohl zu-sammen an, und gieß Baum-Öl mit gutem Essig darüber, streue auch ein wenig Pfeffer darauf, so ist es fertig. (1701.)

Salm gebraten zuzurichten. Waschet den Salm mit Essig, lasset ihn eine halbe Stund also liegen, dann nehmet Pfeffer, ein Nägelein, Muscaten-blühe, und ein wenig Saltz, vermischets untereinander, bestreuet den

Salm damit überall wol, lasset ihn allgemach trucken werden, dann macht ein Schmaltz heiß, thut gedachte Würtz, ein wenig hart Brod, halb Wein und Essig wol und klein-geschnittene Salbey und Petersilien darunter, lassets aneinander sieden, daß ein dünn Pfeffer-Brühlein wird, begießt und bestreicht mit einem Salbey-Stäublein mit der Brühe den Salm offt, bis es genug gebraten ist. (1694.)

Salmen oder Lachs zu kochen. Salmen oder Lachs werden zerhauen, sauber gewaschen, wiederum getrucknet, alsdann in halb Wein und halb Wasser, Saltz, Peter-lein-Kraut, groblech-geschnittenen Pfeffer, Ingber, gantze Nägelein, und Muscaten-blüth wolgesotten, und warm oder kalt, mit frischem Peterlein-Kraut belegt, aufge-tragen. (1694.)

Salmen-Schwantz mit Austern zu bereiten. Man kochet den Salm mit Wasser und Saltz und einem Büschel wolriechender Kräuter, und zu dem Salmen-Schwantz nimmet man Austern, weichet sie in ihrer eigenen Brühe mit gantzer Muscaten-Blumen, und zwey oder drey Anjoves, und etliche Pfeffer-Körner; Und wann der Salmen gar ist, so leget man denselbigen in eine Schüssel, nimmet hernach die Austern, Butter und Muscat-blühe, rühret es alles wol durcheinander mit einem Löffel, bis daß es dick wird, giessets über den Salmen, und tragets zu Tische. Man zieret die Schüssel mit geriebenem Semmel-Brod und Limonien-Schnitten. (1694.)

Gefüllt-gebratene Schleyhen zu bereiten. Wann ihr wollt Schleyhen füllen, so ziehet die Haut herab, dann sie lässet sich gern abziehen, schneidet das Fleisch von dem Gradt hinweg, daß der Gradt gantz bleibt. Nehmet das Fleisch, und hackets klein mit schwartzen Weinbeerlein und geſchweiſte Zwiebeln, thut Pfeffer, Ingber und Saffran darein, hacket etliche Eyer=Dottern darunter. Und wann die Füll gehacket iſt, ſo nehmet ſie, und ſtreicht ſie über den Fiſch=Gradt, ziehet die Haut darüber, legts auf einen Roſt, und bratets, machet eine ſaure Brühe darunter, und gebets warm auf einen Tiſch, ſo iſt es ein gefüllter guter Fiſch. (1694.)

Schleyhen wie Karpffen in dem Diegel gedämpfft. Schlaget die Scheyhen am Kopff, thut ſie auf, gieſſet ein ſiedend Waſſer daran, rührets wol, ſo gehet der Schleim darvon, zerſtückets, und waſchet ſie ſauber, thut ſie in einen Stollhafen, Saltz, Zwiebel, Eſſig, Fleiſch=brüh, Kümmel, Ingber, Pfeffer, Butter, und laſſets wol aneinander dämpffen, oder ſiedets im Waſſer, wanns überhalb geſotten, thut es herab, und gieſſet einen Wein daran, machets in ein gelbes Brühlein, wie einen Ahl. (1694.)

Schollen mit grünen Erbſen. Wann die Schollen geweichet ſeynd, ſo ſetze ſie bey das Feur, und laſſe ſie gemählich auffkochen, nihme dann außgemachte grüne Erbſen, koche ſie gantz mürbe in gutter Butter, Peter=ſillie und Pfeffer; Richte die Schollen dann an, gieß die Erbſen darüber, ſo iſt es fertig. Man kan ſie auch mit abgerührter Butter hingeben. (1701.)

Von dem Berger=Klipp= oder Stock=Fiſch. Der Stock=Fiſch muß wol geklopfft, oder mit einem Rollholtz ge=ſchlagen werden, hernach weichet man ihn 24. Stund lang in ſcharffe Laugen, gieſſet hernach alle Tag etlich mal friſch Waſſer darüber, bis er weich gnug wird; Wann er dann ſauber gnug gewaſchen und gereiniget, ſo ſetzet ihn mit lauen Waſſer über das Feur; Nach=dem ſelbiger allgemach einen guten Wall geſotten, davon gezogen, und alſo eine gute Zeit, damit er mürb bleibe, ſtehen laſſen. Man thut ſelbigen hernach in ein Sieb oder Durchſchlag, und die Grädt und Haut darvon, und wann er wol ausgetropfft, in die Platten, beſtreuet ihn mit Saltz, Ingber, Pfeffer, und begieſſet ſolchen mit heiſſer Butter. (1694.)

Stockfiſch in Senff gekocht. Nehmet einen Stockfiſch, und ſetzt ihn auf mit Waſſer, und laſſets einen ſtarcken Sud aufthun, kühlet ihn aus kaltem Waſſer, klaubet den Weiſſen fein ſauber aus, leget ihn in friſche Butter, die nicht ſchmeckt, und laſſets damit einen Sud auf thun, und wann ihr ihn wollet anrichten, ſo nehmet ihn her-aus mit einem Faum=Löffel, richtet ihn an in eine Schüſſel, daß das Saltz durcheinander kommt, ſetzet ihn mit der Schüſſel auf Kohlen nicht lang, bis ihr den Senff, den ihr in heiſſer Butter einen Wall thun laſſen, darüber gieſſet, gebets hernach warm auf den Tiſch. Alſo richtet man den Stockfiſch mit Senff zu. (1694.)

Das neundte Capitul.
Von denen Krebſen, Fröſchen, Schneken, Auſtern, und Muſcheln.

Geſtoſſenes von Krebſen zu machen. Nehmet groſſe Krebſe, ziehet ihnen die Därme oder Aederlein lebendig aus den Schwäntzen, ſchneidet vornen die Schnautzen hinweg, thut die Krebs in einen Mörſel, und ſtoſſets wol, ſchlaget Eyer darunter, ſtreichets durch ein härin Sieb, ſaltzets ein wenig, thut kleine ſchwartze Weinbeer-lein, ſo ſauber ausgewaſchen ſeynd, darunter, ſetzet gute gantze Milch in einer Pfanne über, laſſets aufſieden, wann ſie hat angefangen zu ſieden, thut das Durchge-triebene von Krebſen darein, rühret's wol um, daß es nicht anbrennet, ſo wird es gerinnen und hart werden.

Wann es nun aufgesotten hat, so schüttets auf einen Durchschlag, beschwerts ein wenig, so wird das Wasser von der Milch rinnen, und dieses nennet man Krebs=Milch. Ihr mögets hernach in Schnitten schneiden, und in Butter ausbachen, könnet ferner ein Mandel oder Aepffel=Gescharb, das schön gelb und süß ist, darüber machen, so ist es gut und wohlgeschmack. (1694.)

Gebachene Krebs. Siedet die Krebs, ziehet ihnen die Nasen und Schwantz=Schalen ab, thut das Weisse davon, auch neben die Flossen, schneidet die Bein kurz ab, machet die Scheern auf, bereitet ein Täiglein mit Eyer=Dotter und Wein, salzets ein wenig, leget die Krebs darein, bachets gemach, daß sie nicht zu braun werden. (1694.)

Krebs zu sieden. Krebs sauber gewaschen, werden mit halb Wein und Wasser, oder halb Essig und Wasser, oder blos Wasser, nicht lang gesotten, gesalzen, verschaumet, alsdann zugedecket, mit grün Petersil=Kraut bestreuet aufgetragen. Man kan Pfeffer und Salz auf den Schüssel=Rand legen. (1694.)

Auf ein andere Art. Waschet die Krebs fein sauber und schön, thuts in eine Pfannen, giesset roth Bier daran, thut Pfeffer, Salz und Kümmel darzu, siedets wol, seihet sie wieder ab, trücknet sie ab in der Pfannen, legets ordentlich in eine Schüssel, streuet grünen Petersil darauf, thut Salz und Pfeffer auf die Schüssel. (1694.)

Krebse zu mästen. Dieses geschieht entweder mit etwas angekochten Mohrrüben, oder süßer Milch, oder mit Bier, worin Eyer zerquirlet sind, oder mit Sahne, wovon nur immer wenig den Krebsen aufgegossen wird. Man muß aber die so gemästeten Krebse, einige Stunden vor dem Kochen, in frischem und abgewechseltem Wasser stehen lassen, damit alle Säure von ihren Schalen

4*

komme. Auch muß man genau nachsehen, daß keine todte Krebse mit gekocht werden. (1778.)

Von den Fröschen. Man ziehet den Fröschen das Fell ab, und lässet nicht mehr als die Hinder=Beine und ein Stück von Rücken zusammen, das übrige wirfft man weg, hernach wäschet man sie wol, und siedet sie in einer Brühe.

Frösch gekocht schwartz mit Karpffen=Schweiß, seynd gleichfalls gut und wohlgeschmack. (1694.)

Gebachene Frösche. Wann die Frösche, wie gemeldt, zugerichtet, saltzets, pfefferts und meelts ein, bachets aus heisser Butter, daß sie fein rösch seynd, gebet sie warm auf den Tisch, und bestreuet sie mit Ingber.

Wollet ihr aber eine saure Brüh darüber geben, so nehmet Agrest=Safft mit den Beeren, nehmet auch Butter darein, und ein wenig Pfeffer, lassets darmit aufsieden, und giesets über die gebachene Frösch, so wird es gut und wolgeschmack. (1694.)

Schnecken zu zurichten. Wann man die Schnecken zurichten will, siedet man die in Schalen verschlossene Schnecken in Wasser, bricht hernach das Blätlein hin= weg, nimmet die Schnecken heraus, reinigets, legets in ein frisches Wasser, (etliche legens in Saltz und Wein= Essig) alsdann werffen sie allen ihren Unflath von sich, hierinnen wältzt und kehret man sie offtmals um, damit sie durch solche Sauerkeit von allen ihren Schleim gereiniget werden, hernach siedet man sie mit einer guten kurtzen Brühe. (1694.)

Schnecken in Oel gebachen. Nehmet Schnecken und siedet sie, wie sonsten, nehmet darzu Petersil, ein wenig Knoblauch, hackets klein, röstets in Oel, giesset darnach ein wenig Oel in die Häuslein, thut die Schnecken darein, nehmet den gehackten Peterlein und Knoblauch, auch eine Erbis= oder Fleisch=brüh, wol gepfeffert, richtets

über die gebratene Schnecken, laſſets noch einen Wall
auf Kohlen thun, und gebets auf.

So kan man auch gleichergeſtalt die Schnecken
ohne Häuslein braten, und bereiten.

NB. Die beſte Zeit, Schnecken zu eſſen, iſt der
Winter und Frühling, ehe ſich die Häuslein, darinnen
ſie liegen, eröffnen, und ſie kriechend werden.

NB. Wann man ſie etliche Wochen in ein Fäßlein in wäitzene Kleyen, einleget, ſollen ſie gut, fett
und wol geſchmacher werden.

NB. Wann man ſie aus dem Häuslein ziehen
will, ſoll es mit der Spitzen der Spicknadel, mit einem
Pfrimen oder Gabel geſchehen, damit ſie fein gantz
bleiben. (1694.)

Schnecken in Zwiebel-brühe. Siedet die Schnecken
und putzet ſie, nehmet darnach gute Erbis-brühe und
Zwiebel, hackets und röſtets im Schmaltz oder Butter,
thut die geröſteten Zwiebeln, Pfeffer und Muscatblühe
darunter, laſſets miteinander ſieden, laſſet die Schnecken
auch einen Wall darinnen thun, bähet etliche Semmel-
ſchnitten, richtet dann die Schnecken ſamt der Brühe
darüber. (1694.)

**Auſtern oder Oſtern, wie ſolche auf unterſchiedliche
Art zuzurichten und zu bereiten.** Waſchet erſtlich die
Auſtern auswendig an der Schalen rein ab, daß der
Sand davon komme, leget ſie dann auf heiſſe Kohlen,
ſo werden ſie ſich von ſelbſt aufthun: Oder da ihr
ſie, welches zwar beſſer, mit dem Meſſer aufthut, ſo
ſehet zu, daß ihr die Haut, (ſo wie ein dünn Glas)
worunter ſich das See-Waſſer hält, nicht zerbrechet.
Wann ihr ſie nun abgelöſet und umgewendet habt, ſo
laſſet ſie in der tiefſten Schalen kochen, nemlich alſo:
Leget ſie bey einer mittelmäſſigen Glut, auf einen Roſt,

(der muß aber ziemlich groß seyn, dann sonsten gehet es gar langweilig damit zu) dann so das Feuer zu starck, so zerspringen die Schalen, thut darzu ein Stücklein Butter, und ein wenig Pfeffer; Wann sie nun gekocht sind, so kann man auch ein wenig Wein oder Wein-Essig, samt etwas geriebener Muscaten darzu thun, ihr mögets auch mit etwas geriebenen Semmel-Rinden bestreuen, ehe man sie vom Rost nimmt. NB. Das Vornehmste ist, daß man es fein heiß zu Tisch bringe, und alsdann Citronen-Safft darüber drucke. (1694.)

Gebachene Austern. Die Austern mit Meel bestreuet und aus Butter gebachen, richtet sie dann in eine Schüssel an, drucket Citronen-Safft darüber, und gebets fein warm auf den Tisch. NB. Ehe ihr sie bachet, müsset ihrs saltzen und pfeffern. (1694.)

Austern in einer Brühe eingemacht. Nehmet die Austern aus den Schalen, und hebet die Brühe auch davon auf, und putzet sie sauber aus, leget sie in einen kleinen Fisch-Kessel oder Pfanne, seihet die Brüh von Austern darüber, thut gestossen Pfeffer, frische unzerlassene Butter, und ein wenig Saltz darein, lassets damit aufsieden, richtet es an, daß fein warm auf den Tisch kommt, so sind sie gut und lieblich. (1694.)

Austern roh zuzurichten. Nehmet Austern, thut sie auf, lasset die Schalen auf einer Seiten, putzets sauber aus, nicht aus Wasser, sondern mit einem Messer, daß kein Sand darinnen ist, legets auf die Schüssel mit den Schalen, gebts auf, Saltz und Pfeffer darzu.

Ihr müsset die Austern ledigen von den Schalen, daß mans mit dem Messer ausheben kan, und also isset man die Austern roh, mit Pfeffer und Saltz. (1694.)

Austern zu stoofen, daß sie delicat und gut seyen. Erstlich nimmt man sie aus ihren Schalen, und leget

sie also mit ihrer Suppen, (welches ihre allerbeste Salse
ist) in eine Schüssel über eine Glut Pfanne, thut Butter,
ein wenig Pfeffer, Muscaten, Zwiebel und etliche Stück=
lein Citronen oder Pomerantzen daran, und lässet sie
also wol damit durchsieden, endlich wann sie fast gar,
thut man etwas Semmel=Rinden (so nicht verbrandt sind)
daran. Wann man sie zu Tische trägt, streuet man
gar klein=gerieben Brod auf den Schüssel=Rand. (1694.)

Von den Muscheln. Man muß das herumsitzende
Steinichte von den Schalen rein abnehmen, und sie
wol waschen, hernach in Wasser, Saltz und Petersilien
aufsieden, nach diesem aus der Brüh nehmen, und her=
nach von jeder Muscheln eine Schale thun, solche auf
einen Schnitt Brod legen, und hernach von ihrer Brühe
nehmen, und Eyer=Dotter darinnen zerreiben, dieses
mit gehackter Petersilie in einer Pfanne aufsieden, und
über die Muscheln giessen. (1694.)

Will man sie **fricassiren**, nimmt man sie, wann sie
ausgesotten, aus ihren Schalen, und thue sie mit etwas
von ihrer Brüh, Butter und Zwiebeln, und etlichen
feinen Kräutern in eine Pfanne, und wann sie mehren=
theils gar sind, giesset man Eyer=Dotter, so in Weinbeer=
Safft zerrieben werden, darüber, auf selbige Weise, wie
man die jungen Hüner zurichtet, man kan sich auch zur Ver=
dickung der Brühe deß süssen Raams bedienen. (1694.)

Das zehende Capitul.
Von den Garten=Gewächsen.

Champignons an Castrol, mit Butter. Putze die
Schwämmlein, und lasse sie gantz, setze sie in eine gute
Tarten=Pfanne, giesse geschmoltzene Butter darüber, mit
Lorbeer=Blätter, Pfeffer und Saltz, lasse sie backen;
Wann sie bald sollen angerichtet werden, so thue klein

geschnittenen Knoblauch und guten Schüest darzu, lasse es einmahl aufkochen, so ist es fertig. (1701.)

Erbsen dick zu kochen oder zu prägeln. Will man Erbsen dick kochen oder prägeln, so macht man zuvor etliche gehackte Zwiebel in Ochsen=Fett, Speck, Schmaltz oder Butter bräunlicht, giesset hernach die Erbsen in diese Pfanne, thut darzu Saltz, wann sie zuvor im Sieden nicht gesaltzen worden, darzu auch ein wenig Timian und Majoran, Salbey, oder andere gute Kräuter, und wann sie gar seyn, so giesset man ein wenig Wein=Essig daran. (1678.)

Köhlhaupt zu füllen. Erstlich solle man die äussersten und grösten Blätter darvon hinweg thun, und den Kopff alsdann so gross, als man ihn haben will, lassen, diesen solle man alsdann sieden, hernach in eine Seihe aus= schütten, und das Wasser darvon abtropffen lassen; wann er nun wol abgetropffet und erkaltet, so eröffnet man alle seine Blätter, bis auf den mittlern Ballen, thut hernach zwey oder drey Schnittlein Speck darein, und streuet ein wenig Pfeffer darüber, legt darauf ein Häuff= lein gutes gehackten Gehülses, so man von klein gehacktem Kalb=Fleisch, weissem Ochsen=Fett, zwey oder drey Eyer darunter, mit Mußcat=Blühe, Jmber, Pfeffer und Saltz angemacht, darauf, hernach wieder ein wenig Speck, so mit Nägelein gespickt, und schliesset den Kopff mit solchem Gehülsel mit seinen Blättern wieder ordentlich zu, und macht ihn in der Hand fein rund, truckt ihn zugleich ein wenig, daß das übrige Wasser herausgehe; wann nun dieses geschehen, so bindet man ihn um und um mit einem saubern Garn oder eingewickelten saubern Tüchlein, und läst ihn besonder sieden.

Wann nun der gefüllte Kopf genug gesotten, so hebt man ihn heraus, und löset die Bande darvon, und legt ihn in eine Schüssel auf Brodschnitten, theilet selbigen in drey oder vier Theil von einander, also daß man das Gefülle fein sehen möge, zieret die Brühe mit geröstem Brod. (1678.)

Weissen oder Welschen Kohl mit Citronen-Safft. Nihm den Kohl, putze ihn ab, daß die untaugliche Blätter darvon kommen, setze ihn mit Fleisch-Brühe zum Feur, laß ihn kochen; Wann er gar ist, richte ihn an: Dann giesse Baum-Oel darüber mit Citronen-Safft, oder einen Löffel voll Wein-Essig, auch etwas Pfeffer und Saltz, so ist es fertig.

NB. Auff dise Weiß kan man auch Kohl-Raby und andern Kohl zurichten. (1701.)

Milchkohl. Nachdem man die Herzen des Weißkohls ausgeschnitten, so hacket man ihn mit dem Hackemesser recht fein, und thut ihn in einen Kessel kochenden Wassers. Ist der Kohl halb gahr, so wird das Wasser rein abgeseihet, vorher aber besonders in einem Topfe aufgekochte süße Milch, denn sonst gerinnt sie, angegossen, mit Butter, und zerstoßenen Muscatenblumen gewürzt, ein wenig zuvor in Milch oder Wasser gerührtes Mehl angethan, und der Rand der Schüssel, worein der Milchkohl gekommen, mit zerriebener Semmel bestreuet.

Dieser Milchkohl ist ein Hauptessen, welches mit Bratwürsten, Rindfleisch und Schinken, mit Knackwürsten und geräucherten Ochsenzungen, auch Schweinebraten und allerley Carbonaden begleitet wird. (1778.)

Bremer Kohl. So nennt man die Herzkolben, die aus der Spitze des grünen Kohls ausgebrochen, und nicht geschärbet, sondern ganz gelassen werden. Man legt ein Stück frische reinschmeckende Butter in eine Casserolle, oder in einen Schmoltopf, und läßt diese Herzsprossen, verdeckt, so lange schmolen oder stofen, bis sie gahr und weich genug sind. (1778.)

Morcheln gekocht in Milch. Weiche die Morcheln im Wasser ein gute Stunde lang, wasche sie hernach zwey oder drey mahl ab, thue sie in einen Topff oder Pfanne, giesse Milch darauff, und thue auch ein gutes Stück Butter daran, lasse es kochen; Wann es bald gar ist, so thue ein wenig weiß gebrennt Mehl daran, und lasse es dann fortan gar kochen, so ist es fertig. (1701.)

Vom Spinat ein gutes grünes Kraut=Essen zu machen. Man muß den Spinat zuvor fleissig besehen, und sauber lesen, hernach waschen, brühen oder auffsieden, in eine Seihe ausgiessen, austropffen, hernach Ballenweiß aus= trucken, und, so man will, klein hacken, hernach mit fetter Fleisch=Brühe oder gutem Butter, auch Saltz und Gewürtz in einem irrdenen Topffe auf einem Kohl= feuer fein prägeln lassen, auch stättig rühren, daß es nicht anhänge oder anbrenne, hernach über geröfts Brod anrichten, und noch einmal oben darauf schmaltzen.

Wann man will, so kan man den sechsten Teil Saurampffer darunter nehmen, dieses giebt ihme einen guten Geschmack, man solle aber des Butters oder Schmaltzes nicht vergessen, sonsten ist es gar spröd, ingleichem mit guter Würtz, insonderheit mit Mußcat= Blumen klein zerstossen Würtz, auch kleinen Rosienlein oder Weinbeerlein darauf thun. (1678.)

Das eilffte Capitul.
Von allerhand Gebackenes.

Eine herrliche gute Bisquit. Man nimmt vier frisch gelegte Eyer, und nicht mehr dann zwey Weiß vom Ey, klopfft sie so lang, bis daß mans auf einen Löffel nehmen kan, thut darzu sechs Löffel voll Rosen=Wasser,

rührts eine Viertheilstund lang, thut darzu ein Pfund zwey=
mal geläuterten Zucker, sein rein darinn geräden, rührt
und klopfft es fast eine Stund lang, thut ferner darzu ein
Pfund vom schönsten weissen Meel, rührt es wol, schüttet
es hernach auf Schüsseln mit Butter begossen, setzts in den
Ofen, so geschwind als man kan, gibt Achtung, wann
sie gebachen werden, dann es ist viel daran gelegen, läst
den Ofen nicht zu heiß seyn, bestreichts mit Rosen=Wasser
und Eyerweiß. (1678.)

Einen guten Butter= oder Krapffen=Taig zu machen.
Mache mit Wasser und schönen Mehl einen leeren Taig
an, nihm dann so vil Butter, als Taig ist, knete dise
darein, und walgere solche dünn aus, thue dann die
Füll darein, was man hat, aber nichts suppigtes, mache
dann Kräpffel daraus, bestreiche sie mit Eyer=Dotter,
und backe sie in dem Schmaltz. Man kan auch Zucker
darunter kneten. (1701.)

Englisch Schnitt=Gebackens. Nihm ein Pfund schön
Waitzen=Mehl, zwey Seydel Milch=Rahm, 8. Eyer, und
ein wenig Gewürtz, rühr es an, als einen Eyerkuchen,
nihm dann eine Torten=Pfanne, gieß ein wenig geschmol=
tzene Butter darein, und den angerührten Klar auch,
thue etwas Feur oder glüende Asche unten und
oben darüber, daß es gemählich truckret, kläre dann
zwey Pfund Butter ab, und backe es darinn aus, so ist
es fertig. (1701.)

Franzöfisches Brod. Man nimmt fein Meel, darzu
zehen Eyerdottern samt dem Weissen, und anderthalb
Pfund frischen Butter, thut hernach ein wenig Höfen
darein, ohngefehr so viel als zu einem Semmel=Brod,
machts mit frischer Milch, so ein wenig gewärmet seyn
solle, an, läfts hernach eine halbe Stund lang liegen,
daß es aufgehe, macht hernach darvon die Grösse des

Brods, in was Form man will, und beſtreichts mit Eyern, läſts im Ofen bachen, ſoll aber nicht gar zu heiß ſeyn. (1678.)

Geduldzettel. Man zerklopft vier ganze Eyer mit einem Weinglas voll Roſenwaſſer, thut ein halb Pfund geſiebten Zucker in ein Geſchirr, giebt die zerklopften Eyer durch ein Haarſieb dazu, rührt es durcheinander, thut ſo viel Mehl dazu, daß die Maſſe nur noch ein wenig fließend iſt; dann beſtäubt man ein recht reines Blech mit Mehl, ſetzt von der Maſſe kleine Häufchen darauf, läßt ſie erſt etwas auseinander fließen, beſiebt ſie mit geſtoßenem Zucker, und backt ſie in einem gelinden Ofen gahr, aber ſo, daß ſie weiß bleiben. (1778.)

Einen guten Gogelhopffen zu bachen. Man nimmt ſechs, acht oder mehr Eyer, je nachdeme man viel oder wenig Täig machen will, zerklopfft die Eyer wol, nimmt hernach ſo viel Milch als Eyer, ſo verklopfft ſeynd, und auch ſo viel Schmaltz, das Schmaltz muß man zergehen laſſen, und die Milch ein wenig warm machen. Dieſe drey Stück muß eines ſo viel als deß andern ſeyn, ſchüttet es untereinander, ſaltzet es, thut eine ſchöne und gute Häfen darein, die fein ſauber und gewaſchen iſt, ein Löffel voll zwey oder drey, je nachdeme deß Täigs viel iſt, rühret alsdann das Meel darein, das beſte und ſchönſte, ſo man haben kan, ſonſt wird der Täig ſchwer, und gehet nicht auf, machet den Täig in der Dicke wie einen ſtarcken Eyer-Täig, rühret denſelben eine gantze Stunde lang, jedoch nur auf einer Seiten, ſonſt wird er nicht recht, ſchmieret hernach das Geſchirr, oder vielmehr ein Kupffern Becken, worinn man ihn bachen will, wol mit Schmaltz, ſchüttet hernach den Täig darein, laſſet ihn in einem Ofelein oder Back-Ofen fein ſchön bachen, ſo iſt er recht und gut.

NB. Diß ist ein alt=Teutsches Essen; Man darff aber den Täig nicht gehen lassen, sondern, wann der Täig eine Stund=lang streng geklopfft oder gerühret ist, und in ein Becken gethan, so soll er alsobalden in den Ofen gesetzt und gebachen werden. (1694.)

Hessen-Küchlein. Nehmet ein Diethhäufflein, oder vier Seidlein=Becher voll schön Meel, giesset einen warmen, süssen Milchraum darüber, schlaget vier Eyer darein giesset ein heiß Schmaltz auch darunter, treibt eine gute Hessen durch eine Seiherlein, rührets alles untereinander, saltzets recht, lasset den Täig eine Weile in der Wärm stehen, daß er übersich gehet, dann würcket ihn mit Meel fein trocken ab, wälgert dünne Blätze daraus, schneidets länglicht, oder viereckigt, bachets in heissem Schmaltz. (1694.)

Gebrühete Küchlein zu bachen. Nehmet ein siedend Wasser, saltzet und schmaltzet es, wie ein Suppen, thut schön Meel in eine Schüssel, giesset das siedend Wasser daran, und rührets wol untereinander, machets glatt, darnach brühets fast wol ab, nehmet Eyer, und leget sie in ein heisses Wasser, lassets warm werden, und schlaget allezeit zwei daran, bis es recht wird, wie ein Kinds=Brey, darnach nehmet Schmaltz in eine Pfanne, und schöpffet ein oder zwei Löffel voll deß Täigs auf einen Teller, und leget ihn mit einem eisernen Löffel ein, und bachets. (1694.)

Gewählte Küchlein. Gewählte Küchlein, werden mit lautern Eyern, schönem Meel und Saltz wol gewürcket mit dem Wälger=Holtz, dünn und breit gemacht, mit Küchel=Rädlein zu Stucken voneinander getheilet, hernach in Butter in einer Pfanne süttlich gebachen. (1694.)

Model-Küchlein. Model=Küchlein=Täig wird ange= macht von gutem Meel, laulichter Milch, auch nach

Belieben Wein oder Waſſer, geſaltzen und wol geklopfft, alsdann dunckt man den Model oder Muſchel=Löffel in die heiſſe Butter, hernach in den Täig, ſetzets in die Pfannen, und laſſets bachen, wie gebräuchlich. (1694.)

Wie man Notteln auf eine ſonderbare Art bachen ſolle. Man nimmt fünff oder ſechs Löffelvoll gute dicke abge= ſchöpffte Milch, da der Rahm darvon genommen, und an etlichen Orten Schlotter=Milch genennet wird, dieſe Milch aber ſolle nicht ſauer ſeyn. Alsdann nimmt man fünff oder ſechs Eyer, zerklopffts wol, und rührt es unter die Milch, ohngefehr bey einer halben Maaß, und rührt das Meel darein, bis daß der Taig ſich fein luck auswälgern läſt, macht alsdann Notteln daraus, läſts gehen, und wann man ſie bachen will, ſo ſchneidet man der Länge nach einen Schnitt darein, und legis nicht gar zu heiß ins Schmaltz, ſonſten überlauffen ſie, und gehen nicht ſchön auf, man bächts derowegen fein gemach ab. (1678.)

Semmel=Kuchen. Schlage fünff Eyer ein, kleppers und ſchlag ſie wohl untereinander, ſchneide Weck=Schnittel, thus in die Eyer, mache ein Schmaltz heiß, gieſſe es miteinander ins Schmaltz, kehre es umb, daß es wie ein Kuchen wird, darnach nihm ſauren Milch=Rahm, gieſſe Wein=Eſſig daran, laſſe es ſieden, gieß an den Kuchen, und laß es auf den Kohlen backen. (1701.)

Spieß=Kuchen zu bereiten. Nehmet warme Milch, und ſchlaget Eyer darunter, machet einen Täig an mit ſchönen weiſſen Meel, nehmet ein wenig Bierhefen und Butter darzu, laſſet ihn ein Weil hinter dem Ofen ſtehen, daß er über ſich ſteiget, macht ihn wieder zu hauff, und ſaltzet ihn ein wenig, walgert ihn darnach fein ſauber aus, werffet kleine ſchwartze Weinbeerlein darüber. Nehmet ein Walger, der fein warm, und mit

Butter geschmieret ist, und leget ihn auf den Täig, schlaget den Täig darüber, und bindet ihn mit einem Zwirns-Faden zusammen, daß er nicht herab fället, legets zum Feuer, und wendets fein langsam um, so wird es sich sauber braten. Und wanns braun wird, so nehmet einen Pensel, und stecket ihn in heisse Butter, und bestreicht den Kuchen damit, so wird er schön bräunlicht. Und wann er gebraten, so thut ihn von dem Walger-Spieß, und stecket beyde Löcher zu mit saubern Tüchern, daß die Hitz darbey bleibt, lasset es also bleiben, bis kühl wird, gebts kalt auf einen Tisch, so wird es fein mürb und gut. (1694.)

Sprützen-Küchlein. Macht einen Täig, mit kalten Wasser an, ein wenig dicker, als ein Sträubleins-Täig, thut ein wenig Schmaltz in eine Pfannen, und den Täig darzu, trucknet ihn in einer Schüssel, schlaget ihn wol ab, nehmet ein Eyer sechs, thut es in ein Warm Wasser, dann schlaget eines nach dem andern in den Täig, bis er recht wird, daß man ihn in die Büchsen drücken kan, hernach drucket den Täig aus der Sprützen rings umher in die Pfannen, bachet ihn auch fein gemach. (1694.)

Sträubelein zu bachen. Nehmet schön Meel, giesset siedende Milch, darein, würckets wol, saltzet den Täig, machet ihn dünn mit Eyern, dann mit einem Triechterlein in Butter, die nicht allzuheiß, lauffen lassen und gebachen. Man mag auch Zimmet, Saffran unter den Täig thun. Man mag auch Brod-Schnitten in solchen Täig wältzen und bachen. Man kan auch Stritzlein daraus machen, auf beeden Enden ein wenig ritzen und in Butter sittlich bachen. (1694.)

Eine gute Marck-Tarte. Mache einen Butter-Taig walgere ihn eines Fingers dick, und formire die Tarten, wie dirs gefällig: Nihm darnach Marck von Rind- und

Ochsen-Beinen, geriebene Semmel, kleine Rosinen, das Gelbe von etlichen Eyern, gescheelte Mandeln, Zucker, Zimmet, etwas Saltz, hacke es wohl untereinander, thue es in den Taig, mach einen Deckel darüber, aber nicht außgeschnitten, bestreiche sie mit Eyern, und backe sie fein schön. (1701.)

Eine Krafttorte. Man nimmt achtzehn, eine Stunde gequirlte Eyer, ein Pfund fein gestoßenen Zucker, ein halbes Loth Cardemom, eben so viel Zimmt, und rühret dazu drey Viertelpfund feines Mehl, nebst noch einem Viertelpfund durchgesiebte weiße Stärke.

Diese Krafttorte wird auch noch so bereitet, daß zwölf Eyer zu Schaum geschlagen, hierauf mit einem Pfunde fein gestoßenen und durchgesiebten Zucker, einem Pfunde Kraftmehl, ein wenig Rosen- oder Zimmtwasser, auch etwas zerstoßenem Anies zusammengerührt, und in einer Tortenpfanne gebacken werden. (1778.)

Eine mürbe Torte. Reibe drey Viertelpfund Butter zu Sahne, und rühre hierauf nach und nach hinzu: acht Eyerdotter, geriebene Zitronschale, und drey Viertelpfund feines Mehl. Zuletzt wird das von den acht Eyern zurückgelassene, und zu Schaum geschlagene Eyerweiß dazu gesetzet, und die vermischte Masse langsam abgebacken.

Man nennt diese Torte deshalb eine mürbe Torte, weil sie, recht behandelt, ungemein mürbe ausfällt. Zucker wird nicht hinzu gethan, um sie von andern Torten zu unterscheiden, und einen veränderten Tortengeschmack herauszubringen. (1778.)

Torte von Spinat in einem festen Teige. Man nimmt so viel Spinat, als man zu gebrauchen denkt, macht ihn rein, drückt ihn nach dem Waschen rein aus, und kocht ihn mit weißem Weine ganz kurz und mürbe

ein. Hierauf wird er mit Zucker, Zimmt, eingemachten
Zitronschalen, Salz, gestoßenem Zwieback und Butter
abgestofet, und wenn er kalt geworden, so ist er zu
einer Torte von festem Teige geschickt. Dieser Teig
aber wird folgendermaßen bereitet.

Man thut etwas Butter mit ein wenig Wasser
zum Feuer, läßt es aufkochen und rührt etwas feines
Mehl an, aber nicht zu steif, so daß man den Teig nur
eben bereiten kann. Hievon mache man ein Unterblatt
so groß, daß man die Torte haben will, aber man
muß den Teig etwas dünn austreiben. Alsdann setze
man einen feinen Rand um das Unterblatt, als wenn
man einen Rand um eine Schüssel setzen wollte. Dieser
Rand wird zierlich und bunt gemacht, und sodann der
Spinat hineingethan, ein nur dünner Deckel darüber
gemacht, und gebacken. Wenn man anrichtet, so schneidet
man den Deckel los, und drücket Zitronensaft hinein. Man
kann auch einen festen mürben Teig dazu nehmen. (1778.)

Wetterauerkuchen. Von 1 Pf. recht feinem Mehle,
¼ Quart Milch und 3 Eß=Löffel voll Bärme wird ein
ordentlich geknäteter Teig gemacht, und zum Aufgehen
an einen warmen Ort gesetzt. Dann machet man 4
Pf. Mehl, 1 Quart lauwarmer Milch, 1 Pf. Butter,
3 bis 4 ganzen Eyern, etwas Salz und ¼ Pf. Zucker
einen zweiten Teig, arbeitet ihn gehörig durch einander,
und knätet den schon gegangenen Teig darunter, formirt
den Teig wie eine Kugel, bestreuet ein reines Backblech
mit Mehl, legt den Teig darauf, setzt das Blech an
einen warmen Ort, daß der Teig gut aufgehen kann,
dann mit Eygelb bestrichen, und in einem nicht zu heißen
Ofen eine Stunde backen lassen, daß er eine hübsche
gelbbraune Farbe bekömmt, sodann herausgenommen
und kalt werden lassen. (1778.)

Wiener Zehnblätterkuchen. Man macht einen Teig von 1 Pfund Mehl, ½ Pf. Butter, sechs Eyerdottern, ¼ Pf. Zucker und etwas Wein, arbeitet ihn gut durch einander, schneidet Stückchen wie ein Ey groß, rollt jedes derselben dünn aus, bestreicht jedes mit geschmolzener Butter, und legt sie alle über einander, drückt sie dicht zusammen, und rollt sie recht dicht auf. Diese Rolle Teig legt man 6 bis 10 Stunden in den Keller; dann nimmt man sie auf den Backtisch, schneidet Scheiben davon wie ein Messerrücken dick, legt auf jede derselben etwas eingemachte Johannisbeeren, klappt den Teig über, daß kleine Krapfen daraus werden, und backt sie, ohne sie oben mit Ey zu bestreichen, im Ofen gahr. Sie müssen aufspringen wie Fischschuppen, werden dünn mit Zucker bestreuet, und servirt. (1778.)

Das zwölffte Capitul.

Von Pasteten.

Kleine Eyerpasteten. Man nimmt sechs hart gekochte und sauber abgeschälte Eyer, hacket sie mit eben so viel Borsdorfer Aepfeln, von denen die Kernhäuser nebst den Schalen weggenommen und zurück gelassen werden, und einem Pfunde Nierenfett klein, daß ein rechter Teig daraus wird. Vermischet diesen Teig mit in Milch geweichter und wieder ausgedrückter Semmelkrume, Zimmt, Nelken, Muskatennuß, Salz, Korinthen, Zucker und Wein, und vermengt dieses aufs beste mit vorgedachtem Eyergehack. Nun rollt man feinen Blätterteig aus, sticht mit einem Spitzglase lauter runde Thaler von dem Teige, legt von dem Gehack auf jeden ein kleines Klümpchen, und bedeckt es mit einem andern Thaler, welches mit dem untersten Thaler egal gemacht, rund herum sauber angekräuselt und dann gebacken wird. (1778.)

Gäns oder Endten-Pasteten. Bereitet die Gäns oder Endten, spickets mit Speck, lasset einen Sud im lautern Essig und Saltz thun, und lasset sie einen Tag oder Nacht darinnen beitzen, macht hernach den Pasteten-Hafen, und belegt den Boden wol mit Speck, Gewürtz, und Saltz, leget alsdann die Endten oder Gäns darein, leget Speck und geschnittene Limonien darum, und oben darauf schüttet ein Brühlein von Wein-Essig und Fleisch-brühe darein, machets zu und bachets. (1694.)

Haasen-Pasteten. Nehmet den Haasen, ziehet ihn aus, häutet und spicket ihn hernach, alsdann machet eine Pasteten nach der Länge, und leget den Haasen darein, also rohe, er darff nicht gesotten seyn, und thut ihm im übrigen allen, wie man die Wildprät-Pasteten macht, schneidet Limonien darein, pfeffert ihn wol, und leget im Aufsetzen zu beyden Seiten in die Schüssel, ein paar Pomerantzen oder Citronen darein.

NB. Unten an der Pasteten sollen die Haasen-Füsse zierlich ringesetzet werden, damit man dieselbe dabey erkennen möge. (1694.)

Ein delicate Hirsch-Wildprät-Pastete. Kochet das Fleisch ein wenig durch, und legets die Nacht über in rothen Wein und Wein-Essig: Darnach spickts gantz dicke, und würtzets mit Pfeffer, Saltz, Nägelein, Mus-catenblumen, Muscatenuß, und Ingber, bachets in einer tieffen Pasteten von Rocken-Täig, mit einem guten Theil Butter: Lassets sich wol einziehen, und macht ein Lufftloch in der Pastete, und wann ihr sie aus dem Ofen ausnehmet, richtet sie zu mit Butter und Wein-Essig, verwahret sie und esset kalt davon. (1694.)

Englische Zemer oder Hirsch-Wildprät-Pasteten. Nehmet ein Stück Fleisch von einem Zemer, spickets und lasset

an die statt sieden, thuts heraus, und, machet einen
Täig darzu von einem schönen weissen Meel, nehmet
lauter Eyer=Dottern und frische Butter, die unzerlassen
ist, darunter, machet einen Täig damit an, so wird er
fein gelb, treibet ihn auf, und schlaget das Wildprät
darein, bestreuets mit Gewürtz und Saltz, schiebets in
Ofen, und verbrennets nicht, so wird sichs fein lieblich
bachen, und die Butter heraus steigen, als wann ihr
es damit begossen hättet, und wird der Täig mürb
und besser zu essen, als das Fleisch das darinnen ist,
und man nennet es eine Englische Pasteten, weil sie
es in Engelland auf diese Manier zugerichtet, gerne
essen. (1694.)

Hüner=Pasteten. Ueberbratet die Hüner ein wenig,
dann übersiedet ein Kalbfleisch, hackets ein wenig mit
Fett, thut Weinbeer, Gewürtz, und einen Löffel mit
Zucker daran, saltzets, thuts in den Pasteten=Hafen,
leget die Hüner darzu, machet ein Brüh darüber, thuts
in den Ofen, und lassets bachen. (1694.)

Kalbfleisch=Pasteten. Nehmet einen eingebäitzten Schlegel,
oder sonst ein Stück Kalbfleisch, das zum braten täug=
licht ist, oder so ihr kein eingebäitztes habt, so machet
Wein und Essig, oder eines allein, wol heiß, giesset
offt über das Fleisch, so wird es, als wanns etliche
Tag gebäitzet worden, dieses Fleisch siedet ein wenig
ab, dann saltzts, und spickts mit Speck, thut auch Speck,
in die Pasteten, auf den Boden, leget das Fleisch darauf,
saltzts, würtzts, thut Majoran und Roßmarin darzu,
oder, wo euch dieses nicht belieben, geschnittene Limonien,
giesset Essig und Fleischbrühe darein, mögt auch Butter
darzu legen, machts zu, und lassets bachen. (1694.)

Ein Poppitonus von lauter Fleisch. Nihme Kalb=
fleisch und Ochsen=Fett, hacke es klein, mache es wohl

ab mit Gewürtze und Saltz, schneide darzu schieren
Speck, als eine Hand breit, und lege ihn auff den
Boden in die Tarten=Pfanne, lege von dem gehackten
Fleisch darüber her an statt deß Taigs; Dann nihm
Kälber=Pries,*) Artischocken, Morcheln, Hüner= oder Tau=
ben=Flügel, Champignons, und was man sonst von
kleinen Sachen haben kan, und mache einen Ragou
darvon, lasse ihn kalt werden, thue es in die Tarten=
Pfanne unter das gehackte Fleisch hinein, und mache
es dann oben zu mit dem gehackten Fleisch, wie eine
Pastete, lasse es dann gar backen: Wann du sie an=
richtest, so gieb ein wenig Schüeßt darein, und drucke
von einer Citrone den Safft darein, so ist es fertig.
Dise Poppitonus kan auch in einer Schüssel gemacht
werden, muß aber kein Speck darzu kommen. (1701.)

Feine Pasteten von Kälbernieren. Man nehme eine
Kälberniere aus einem kalten Kalbsbraten, welche mit
ein wenig Speck, auch etwas von dem um die Nieren
sitzendem Fette grob durchgehackt, sodann mit Zwiebeln,
feinen Kräutern, Saltz, ein wenig Pfeffer, Muskaten=
blumen, Zimmt, Champignons, Kälberbrißel*) und der=
gleichen angemengt, hievon aber eine feine Pastete
verfertigt wird. Zur Sauce wird ein wenig Butter
mit Fleischbrühe angerührt. (1778.)

Pastete von Rindern=Zungen. Nehmet frische Ochsen=
Zungen, kochet sie in Wasser und Saltz, bis sie recht
mürbe werden: Darnach ziehet die Haut ab, und wann
sie kalt geworden, schneidet sie in dünne Schnittlein,
alsdann leget Butter in die Pasteten, darnach die
Rinderzunge, dann ein wenig Pfeffer, alsdann Mus=
catenblüh, lange Rosinen und Zucker, mit Saltz, dar=
nach wieder Butter drein: Machet sie zu alsdann, und

---

*) Kälber=Pries, Kälberbrißel = Kalbsmilch.

bachet sie, und wann ihr sie auftraget, thut weisen
Wein darein, Butter, Zucker und Eyer=Dottern. (1694.)

Schweinen Wildprät-Pasteten. Nehmet das schweinen
Wildprät, es sey ein Schincken oder ein ander Stuck,
schlagets wol mit einem Rollholtz, damit es mürb werde,
saltzets hernach wol, und siedets, wanns halb gesotten
ist, so giesset die Brühe ab, machet einen groben
Pasteten=Täig und setzet das Wildprät darein, lassets
bachen, als vom Hirsch= Wildprät gemeldet worden. (1694.)

Aepffel=Pasteten. Nehmet süsse Aepffel, schählets, ver=
fahret im übrigen damit, wie von den Quitten vermeldet
worden, aber sie dörffen so lang nicht bachen, wann ihrs
aufschneidet, so streuet ziemlich Zucker darauf. (1694.)

Artischocken=Pasteten. Nehmet die Böden davon,
kochet sie fein mürbe, würtzet sie mit Pfeffer, Muscat=
nüssen, Zimmet, Saltz und Zucker: Wann der Pasteten=
Täig schon angerichtet ist, thut vors erste etwas Butter
darein, darnach die Böden von Artischocken, alsdann
gantze Muscatenblumen, Marck, Datteln und Citronen=
Schalen, darnach einen guten Theil Butter, mit ein
wenig Wein oder Seck; Wann sie genug gebachen ist,
giesset eine Brühe darein von Weinbeeren=Safft, Butter,
Zucker, und Eyer=Dottern gemacht. (1694.)

Feine Pastete von Artischockenstielen. Man muß die
Artischockenstiele erstlich gehörigermaßen vorbereiten, und
dann einige davon mit etwas geriebenem Brote, ein
Paar Eyern, etwas geriebener Butter, Salz und ein
wenig feinem Gewürze, klein hacken, und dann eine
feine Pastete davon bereiten. Nämlich, es wird erstlich
von gedachtem Gehack ein wenig unten eingestrichen,
dann Artischockenstiele eingelegt, mit kleinen Stückchen
Butter, fein gehackten Kräutern, und Gewürze, das
Gehack aber vollends überher gelegt. Man kann eine

Wein= oder Rohmsauce, als man sonst über Artischocken
macht, darin geben, oder statt selbiger etwas Butter,
mit ein wenig Mehl und ein Paar Eyerdottern zu=
sammenknäten, und mit ein wenig kräftiger Fleischsuppe
und Muskatenblumen zu einer sämigen Sauce abrühren,
und solche beym Anrichten hineinthun. (1778.)

Birn=Pasteten. Nehmet Birnen, schählets, dämpffets,
röstets im Schmalz, thut Zucker und geröstet Semmel=
Meel, Rosin, Weinbeer, geschnittene Mandeln, gestoffenen
Zimmet, Muscatenblühe, Ingber, Pfeffer, und süßen
Wein darzu, menget's wol untereinander, schüttet's alles
zusammen in ein Pasteten, machet's zu, und bachet's.

NB. Birn=Pasteten, können auch allerdings, wie
die Quitten bereitet werden, dörffen aber so lang nicht
bachen. (1694.)

Castanien=Pasteten. Nehmet Castanien, so viel ihr
wolt, oder vonnöthen habt, weichet sie in kalt Wasser eine
Nacht und einen halben Tag, darnach schählet sie,
nehmet darnach ein Kalbfleisch, lasset's sieden, hacket's
klein, doch auch nicht gar zu klein, menget Fett darunter,
auch Wein=beer und Gewürtz; Wann solches wol durch=
einander gerühret, so thut von dem Gehäck erstlich in
die Pasteten, darnach macht ein Leg von Castanien,
dann wieder eine Leg Gehäck und Castanien darauf,
solches thut so offt, bis der Hafen voll worden, saltzet's, gieset
eine Fleischbrühe daran, machet's zu, und bachet's. (1694.)

Kräuter=Pasteten. Nehmet Lattich und Binetsch, ein
wenig Timian, Winter=Saturey, Majoran, hacket sie
in kleine Stücklein, und thut sie in die Pasteten, mit
Butter, Muscatnüß und Zucker, und ein wenig Saltz.
Wann sie ausgenommen, und etwas kühl worden, thut
drein versauerten Raam, Seck, und Zucker. (1694.)

Quitten=Pasteten. Nehmet Quitten, so fein schön

und gantz seynd, schählet sie rein, hölets aus, wie man den Aepffeln thut, so mans füllen will, daß nichts steinichts darinnen bleibe, füllets dann mit gedünsten Quitten, Weinbeer, Zimmet, Nägelein, Rosin, Muscat= blühe, Zucker, und setzet sie in ein heiß Schmaltz, und bachets, daß sie lind werden, bestecets darnach mit Zimmet und Nägelein, setzet sie in die Pasteten, gießet einen guten Wein oder Malvasier daran, und zucerts, machet die Pasteten zu, und bachets. (1694.)

Das dreyzehende Capitul.

Speysen von Milch, Mandeln, und Eyern.

Englische Klöß zu machen. Man nimmt Rahm, so viel man will, kocht denselbigen mit gantzen Mußcat= Blumen, nimmt darnach zwölff Löffelvoll gerieben Brod, fünff Löffelvoll Meel, sechs Eyerdotter das Gelbe, und von fünffen das Weisse, klopffts wol in zwey Löffelvoll Rosen=Wasser, und so viel reinem Wasser, thut auch Zucker, Mußcat=Nuß und Saltz darzu, mischet diß durch einander mit Rahm, bindet es in ein Tuch, und wann das Wasser siedet, thut mans darein, läfts anderthalb Stund lang darinn sieden, und wann es genug gesotten ist, so trägts mans auf mit Rosen=Wasser, Butter und Zucker. (1678.)

Gefüllte Eyer. Man machet die Eyer=Schalen unten am Spitzen ziemlich weit: Oben aber nur ein wenig auf, bläset die Eyer daraus, zerrührets in wenig heiß Schmaltz oder Butter, mit gelb Gewürtz oder Saffran, geschnitzelt Salbey, oder Majoran, und Saltz, füllets wiederum in die Schalen, stecets an Spießlein, mit einem Schnitt= lein Brod darzwischen, und laffets braten. Man mag auch Zucker, Rosinlein dazu nehmen.

Oder hart-gesottene Eyer-Dotter gehackt, mit Peter-lein, Gewürtz, grünen Zwiebeln, jungen Spinat, oder sonst wolschmeckenden Kräutlein, ein paar frische Eyer verrührt, und die weisse Stücke von dem hart-gesottenen Ey damit gefüllet. (1694.)

Verlohrene Eyer mit einem grünen Sooß. Setze einen Kessel mit Wasser zum Feuer, laß kochen, schlage Eyer dahinein, daß sie gantz bleiben, und laß sie nur auf-kochen, richte sie dann an in eine Schüssel; Wann es Zeit ist, daß der Rocken aus der Erden kombt, nihm etwas darvon, wasch es ab, nihm darzu Knoblauch, ein klein Stück Hausbacken-Brodt auf dem Rost gebraten, und in Essig gelegt, ein wenig Pfeffer und Saltz darzu, thue es dann zusammen in einen Mörser, stosse es klein, streich es dann durch ein Haar-Tuch, und gieß von dem Essig darzu, darinn das Brodt gelegen hat, gieß den grünen Sooß über die Eyer, so ist es fertig. So man keinen Rocken hat, so nihm Pfeffer-Kraut, Pimpi-nellen, Sauerampff, Löffel-Kraut und Petersillien. (1701.)

Eyer-Bussel zu machen. Nihm 4. Eyer, 24. Loth Zucker, Citronen-Bitzel, Muscaten-Blühe, und rühre es wol ab, thue dann 24. Loth schön Mehl darzu, und mache einen Taig darvon, walgere ihn aus, doch nicht gar zu dünne, stichs mit einem runden Eisen aus, und backe sie. (1701.)

Ein köstliches Eyer-Gericht, Nulles genannt. Ich hab mir sagen lassen, daß ein gewisser Italiäner, Nahmens Nullio, eines grossen Herren Kuchenmeister, dieses Gericht erfunden, daher es auch seinen Nahmen Nulles bekommen habe. Dieses macht man also: Man zerreibet Eyer-Dottern in Rosen-Wasser, Zucker und ein wenig Saltz, lässets durch ein hären Sieb lauffen, thut viel Buder-Zucker, auch eingemachte Citronen-Schalen daran, ferner thut solches in einen Mörsel, stossets wol durcheinander, giesset dann in eine silber= oder zinnerne Schüssel, lassets auf dem Kohl=Feuer sieden, rühret's offt um, bis es sich zu setzen beginnet, hernach lässet man's so lange sieden, bis es einem dicken Brey gleich wird, jedoch daß es nicht zu hart werde, man streuet alsdann etwas Buder=Zucker mit Ambra und Bisam vermischt, darüber, bestecket's mit Pistacien=Nüßlein, auch ein=gemachten Citronen=Schalen, und isset's also warm. (1694.)

Einen guten Eyer-Kuchen zu machen. Man nimmt zehen Eyer, und mehr dann die Helffte das Weisse dar=von, klopfft sie wol, thut ein oder zwey Löffelvoll Rahm darein, darnach läst man etwas Butter zergehen in einer Pfanne, und wann es heiß worden, schüttet man die Eyer darein, und rührt sie ein wenig, und kröschet sie, bis daß sie genug gebachen; ehe man sie aber aus der Pfanne nimmt, wendet man sie um auf beyden Seiten, damit sie in der Mitten zusammen kommen, und leget sie mit dem Boden aufwärts in die Schüssel, trägt's auf den Tisch mit Weinbeer=Safft, Butter und Zucker. (1678.)

Englische Milch= oder Eyerkuchen zu bachen. Nehmet ein Quart frischer Milch, eine Semmel, oder weiß Kreutzer=Brod dünne geschnitten, machet die Milch sied=heiß, darnach giesset sie auf das Brod und brechet's, treibet's durch ein härin Sieb oder Durchschlag, schlaget ein paar Eyer darein, thut ein wenig Muscatnuß, Wein=beerlein, Zucker und Salß darzu, alsdann bachet's. (1694.)

Pfannen-Kuchen, Eyer-Kuchen und andere Eyer-Müser. Nehmet frische Eyer, so viel ihr wollet, zerklopffet's, dann ein klein wenig Meel, oder gebrosamet oder ge=würffelt weiß Brod darmit eingerühret, einen guten Theil Milch, oder so viel als Eyer darzu gethan, in ein Platten oder Tiegel geschüttet, und auf der Glut kochen, oder bachen laſſen. Man mag im Auftragen Zucker oder Weinbeerlein darauf ſtreuen. Man mag auch Saffran unter ſolch Platten=Muß miſchen.

Oder Eyer, friſchen Milchraum zerklopfft, auf der Glut gekocht, bis es gnug iſt, man mags mit einem eiſernen Deckel bedecken, und glüende Kohlen darauf thun, ſo wirds hübſch braun. Man kan auch Zucker und Zimmet darein thun. Man thut auch Roſen=Waſſer und geſottene Mandeln darunter.

Zum Eyermuß zerklopfft man Eyer, vermiſcht mit Milch, röſtet hübſch Meel in Butter, in einer ſaubern meſſinen Pfannen, und rühret daſſelbige mit den ge= klopfften Eyern und Milch allgemach über dem Feuer an, und ſalzets erſt, wann mans anrichten will. Man mag Zucker darein thun.

Oder nehmet an ſtatt der Milch friſch lau Waſſer, und rührets an, wie vor gemeldt.

Pfannen=Kuchen werden ſehr gut gemacht, von zer= klopfften Eyern, Milchraum, abgebrühetem Meel, gebros= metem weiſſen Brod, gehackten Feigen oder Wein= beerlein, Roſinlein, Zucker, Zimmet, Saffran durch= einander gerühret und gebachen, hernach mit Zucker beſtreuet. (1694.)

Sardelleneyerkuchen. Sardellen werden nebſt Peter= ſilie klein gehackt, und mit einigen Eyern und ſüßer Sahne, Milch und geriebener Semmel zuſammen gerührt und in Butter gebacken. (1778.)

Krähm zu machen. Nihm 12. Eyer, ſchlage das Gelbe aus, thue darzu ein oder zwey Löffel voll gut Mehl, ein Seidel Milch=Rahm, zwey Seidel Milch, Citronen=Schaalen, gantzen Caneel oder Zimmet, Ura= nien=Waſſer, Zucker, und ein wenig Saltz, rühre es ein wenig ab, daß es nicht käſet, es muß aber darbey ein wenig dicke seyn, streich es durch ein Haar=Tuch, oder Haar=Sieb, richte es dann an in einer Schüssel, lasse es kalt werden, so ist es fertig. (1701.)

Kammanky*) zu machen. Nihme Parmisan= oder Holländischen Käße, reibe denselben, thue, wie ein Ey gros, Butter daran, ein wenig Pfeffer, drey Eyerdotter, und vor ein Kreutzer geriebene Semmel, reibe es so lange, bis daß es wird wie Butter, streiche es auff Semmelscheiben, als die Rotty von Kälber=Nieren, backe es in einer Dorten=Pfanne gar, so ist es fertig. (1701.)

Mohrrübenkuchen. Schabe die Mohrrüben rein ab, reibe sie auf dem Reibeisen, quirle das Geriebene in Eyer und Milch, thue etwas Mehl dazu, damit es so dick wie bey einem gewöhnlichen Eyerkuchen wird. Backe die Maße in Butter oder Schmalz, und bestreue ihn beym Anrichten mit Zucker. (1778.)

Ein Nuel oder gebackene Milch. Nihm 10. Eyer, schlag sie klein, rühre sie an mit einem Löffel voll Mehl, zwey Seydel Milch, Zucker, geriebene Citron=Schaal, Rosen=Wasser, und ein wenig Saltz, gieß geschmälzte Butter in eine Schüssel, und die angerührte Milch dar= zu, laß es backen in einem Ofen, oder auf der glüenden Feuer=Schauffel, daß die Nuel obenher braun wird, gib sie warm auff die Taffel, so ist sie gut.

Wem beliebet, der kan diese Milch mit Spinat=Safft grün machen. (1701.)

Ein Schüsseleßen. Bestreiche eine Schüssel mit Butter, schneide dünne Scheiben Schinken, und lege sie nebst abgewaschenen gebackenen Pflaumen darauf; schlage 8 Eyer in einen Topf, quirle etwas Mehl darunter, gieße es

---

*) Kammanky ist eine Art Käsekuchen.

über den Schinken, und laß es in dem Backofen gahr werden. (1778.)

Mandel-Bussel zu machen. Nihm 16. Loth Mandeln, scheele, und stosse sie klein, thue darzu 14. Loth Zucker, 14 Loth Mehl, Citronen-Bitzel, Muscaten-Blühe, rühre es alles unter einander, und mache darvon einen Taig an, walgere ihn, stich mit einem Eisen Kräntzel und Küchel daraus, wie du wilt, setze sie auff Oblat, und backe sie. (1701.)

Ein kräfftigen Marcepan zu machen. Nihme ein halb Pfund süsse abgeschelte Mandeln, 6. Loth Pistacien, einge=machte Pomerantzen=Schaalen, Citronat, jedes 2. Loth, Zimmet ein halb Loth, Galgant 1. Loth, Muscaten=Blühe ein halb Loth, stosse alles klein untereinander, läutere dann drey Viertel=Pfund Zucker mit Rosen=Wasser, siede ihn gar dick, reibe ihn, daß er weiß und dick wird, alsdann rühre obige Species darunter, streichs auff Oblaten, formire es, lege es in ein Tarten=Pfann mit einem Deckel, mach ein lindes Feurlein darunter, und oben darauff, und laß gemach backen. (1701.)

Das vierzehnde Capitul.

Nützlicher Unterricht, Wie man allerhand Früchten, Wurtzeln, etc. einmachen kann.

Aepffel trucken zu Confectiren. Nehmet gute und nicht allzusafftige gescheelte, und von Kern=Häusern ge=reinigte Aepffel, schneidet sie in die Länge Stuckweis von einander, thut sie dann mit wohl=geklärten Zucker in eine Pfanne, und lasset sie kochen, bis der Zucker dicke wird, nehmet sie hernach mit einem Löffel heraus, so trucken ihr könnt, leget sie alsdann auff ein höltzern

Bret, bringet sie in die Wärme, wann sie oben trucken werden, kehre sie mit einem Messer umb, und lasset sie so ligen, bis sie gantz trucken worden, bestreuet sie demnach mit gestossenem Zucker, damit sie desto besser trucknen, und verwahret solche an einem truckenen Orth zwischen Pappieren. (1701.)

Apricosen, Pfirsching, und Pflaumen einzumachen. Nihme die Apricosen, oder Marillen, 2c. die noch nicht gar weich, oder sehr zeitig seynd, scheele sie; Nihm dann ein geläuterten Zucker, der weder zu dick noch zu dünne sey, laß den Zucker ein wenig kalt werden, thue die Marillen hinein, laß ein klein wenig über dem Feur sieden, thue sie mit einem Löffel heraus, laß sie kalt werden, lege sie in ein Geschirr, siede dann den Zucker dick, laß ihn kalt werden, und gieß ihn darüber, wanns wieder dünne wird, gieß es ab, und siede es wider dick, gieß es abermahl darüber, und das thue drey oder mehrmahl, binde das Geschirr zu, und verwahre es wohl. (1701.)

Birn feucht einzumachen. Nehmet Birnen, die nicht steinigt, und von Natur trucken seynd, scheelet sie, daß die Stiel darvon bleiben, kocht selbige im klaren Wasser fein geschwind, doch nicht zu mürb, nehmet sie heraus, und laßt sie trucken werden, giesset so viel abgeklarten Zucker darüber, daß sie bedeckt seynd, laßt sie einen Tag so stehen, giesset den Zucker, dann er wird dünn worden seyn, darvon ab, kochet denselben, bis er gebührlich dick wird, und giesset ihn wider über die Birnen, das thut so offt, bis daß der Zucker dick bleibt; lasset sie dann darinn stehen, so seynd sie gut. (1701.)

Birnen trucken einzumachen. Nehmet Muscateller- oder andere gute Birnen, scheelet sie, doch daß die Stiel daran bleiben, kocht selbige in Syrup, welcher mit etwas Wasser angegossen ist, wann sie ein wenig gekochet, hebet sie also heisser heraus, leget sie auff Bretter, wie zuvor bey denen Apfflen erwehnet ist, beobachtet wohl, daß, so bald der Zucker die Confecturen durch= trungen, so ist es Zeit, sie herauß zu nehmen, sonst werden sie zu hart, schleimig, faulen, trucknen auch nicht so wohl, und verliehret dardurch ihre Klarheit. (1701.)

Johannes=Beerlein und Erbselu oder Saurach einzu= machen. Nihm geläuterten Zucker, der nicht zu dünn sey, alsdann wasche frische Johannes=Beer sauber ab, truckne sie wider, zupffe sie aber nicht von den Stielen, sondern laß die Träubel gantz; die Erbseln aber müssen von Kernen gesäubert werden, lege die Erbselen eines Vatter=unsers lang in geläuterten Zucker, thue sie dann heraus in ein Geschirr, siede die Brühe oder den ge= klarten Zucker zimblich dick, und giesse sie darüber, wann dieselbe dünne worden, mag man noch einmahl abgiessen, wider dick sieden, und darüber schütten. (1701.)

Pfirschich einzumachen. Wann die Pfirschich zu recht gemacht, so nehmet Honig, verschaumet ihn wohl, leget die Pfirschich darein, lasset sie in einer Pfannen weich sieden, hebt sie mit einem Löffel heraus in ein Geschirr, lasset dann die Brühe wider sieden, wann nun dieselbe so wohl als die Pfirschich kalt worden, so schüttet sie über die Pfirschich, daß sie bedeckt werden, und verwahret sie. (1701.)

Pomerantzen einzumachen. Schneide oben ein Löch= lein in die Pomerantzen, höhle sie inwendig aus, giebe ihnen alle Tage frisches Wasser, und thue das 14. Tag lang, darnach siede sie in einem frischen Wasser so lang, als ein Ey, dann hebe sie heraus, und laß sie auf einer Schüssel wohl trucken werden, alsdann siede in einem rechten abgeläuterten Zucker eine Viertel Stund, der Zucker soll weder zu dick noch zu dünne seyn; hebe sie dann wider heraus, und laß sie kalt werden, siede hernach den Zucker dick, laß ihn kalt werden, schütte die Brühe, oder den dicken Zucker darüber, und beschwere sie. (1701.)

Quitten einzumachen, daß sie nicht roth werden. Nihm Quitten, und scheele sie sauber, und thue die Kern und Putzen heraus, thue sie in eine Pfanne, gieß geläuterten Zucker darüber, decke sie zu, dämpffe sie wohl über einem Kohl=Feur, biß sie weich werden: Nihm dann einen Zucker, siede ihn wohl dick, und thue die Kern darein, und laß es drey Viertel=Stund an einander gemach sieden, thue es hernach in ein Geschürr, und giesse die Brühe da=rüber. (1701.)

Wie man Wälsche Nüß einmachen könne. Wälsche Nüsse sollen um S. Johannis Tag, ehe sie innenwendig hart, und die Schalen grünen, abgebrochen werden, nimmt hernach ein spitziges Holtz, sticht damit die Nüsse durch die grüne Schale rings herum voll Löcher, damit sie desto bässer durchsieden mögen, wirfft sie hernach in laulecht Wasser, läfts über Nacht drinnen ligen, siedet sie hernach den andern Tag in frischem Wasser auf, thuts hernach vom Feuer, und giesset es in eine Seyhe aus, läfts wol abtropffen. Ferner thut man sie wieder in frisch Wasser, läfts so lang darinn ligen, bis daß man keine Bitterkeit mehr darinnen schmecket oder spüret. Endlich köcht mans in weissen Wein, und nimmt zu hundert Nüssen den achten Theil einer Maaß, und auch so viel Wasser.

Nachdeme man nun siehet, daß die Nüsse abge=lehrter massen bald genug gekocht, also daß sie fast von einander gehen wollen, so thut man sie heraus, und läfts auf einem saubern Leinen Tuch abtropffen und trocknen; Hernach spicket man dieselbige mit Citronat=

Schalen, Zimmet und Nägelein, läst alsdann den Zucker mit darüber geschüttem wenig Waffer über einem Kohlfeur schmeltzen, gieffet solchen über die Nüffe, so man zuvor in ein Glaß oder ander Geschirr eingeleget hat. Zu einem Pfund Nüß solle man drey Viertel=Pfund Zucker nehmen, und wann der Zucker warm darüber gegoffen worden, solle mans offen gedeckt stehen laffen, bis daß sie kalt werden. (1678.)

Weichsel einzumachen, daß sie lang frisch bleiben. Nihm lauter frische Weichsel, schneide die Stiel halb ab, thue die in ein klein Fäßlein, dann nihm schönen geläuterten Zucker, laß ihn wohl dick sieden, und kalt werden, und schütte den über die Weichsel, daß es gantz darüber gehet, und schlage dann das Fäßlein wider zu, so bleiben sie lang frisch und gut. (1701.)

Ein andere Arth, Kirschen einzusetzen. Zu sechs Pfund Kirschen, da die Stiel halb abgeschnitten seyn, nehmt vier Pfund mit Waffer und Eyer=Weis geklarten Zucker, laß sie darinnen sieden, doch laß sie nicht auffbörsten, und der Zucker dicklich wird, setzet dann die Kirschen mit den Stielen auffwärts in ein gläsern Geschirr, und gieffet den dick=gesottenen Syrup kalt darüber. (1701.)

Bohnen, so man Faselen nennet, einzumachen. Man nimmt junge Welsche Bohnen, ehe sie gar reiff oder Kerne bekommen, ziehet davon die Fäden ab, schneidet sie Rautenweiß über Eck zu Stücklein, brühet sie in Waffer nur halb ab, thuts heraus, läfts trocken werden, saltzts hernach wol ein, in ein groffes Töpffen, schlägt zuvor ein sauber Tuch darum, und beschwerts mit einem Stein, stellts an einen kühlen Ort, was unrein wird, hängt sich hernach im Tuch an, und kan man also den gantzen Winter über die Bohnen schön grün aus dem

Topff nehmen, und kochen, gleich als wann sie erst im Garten abgebrochen worden. (1678.)

Cucumern einzumachen. Dieses kan auf vielerley Weise geschehen; die gantze Wissenschaft aber bestehet darinnen, daß dieselbige wolgeschmack, grün und gut bleiben, bis wieder andere wachsen und herfür kommen.

Erstlich solle man bey trockenem Wetter von den mittelmässigen Cucumern, so noch keine Kerne haben, abbrechen, deroselben rauhe Buckeln mit einem saubern Tuch abreiben, und von aller Unreinigkeit säubern, diese legt man alsdann auf ein sauber Tuch, läfts etliche Tage darauf ligen, bis daß sie fast anfangen welck zu werden, hernach so nimmt man saubere Blätter, von sauren Kirschen, so man sonsten Weixel nennet, wäschet sie zuvor vom Staub, Spinnen und dergleichen sauber ab, macht damit eine Lag in das irrden Geschirr, streuet darauf Saltz, Pfeffer, Fenchel oder Dill=Stäudlein, darauf eine Lag von Cucumern, bedeckt diese wieder mit Kirschen=Blättern und wieder Cucumern mit Saltz, Pfeffer, ꝛc. und so fortan, eine Lag um die andere, bis daß es voll wird, bedeckt es oben doppelt mit den Blättern, giesset darauf guten Wein=Essig, also daß er darüber gehe, beschwert es mit Steinen, lafts etliche Tage lang stehen, ehe man davon speiset. (1678.)

Rothe Rüben einzumachen. Man schneidet die be=dämpffte oder gebrühte rothe Rüben, zu runden Schei=ben, nicht gar zu dick, und nicht gar zu dünn, läst her=nach ein Schoppen oder Quärtlein Honig, neben einem Gläßlein voll weissen Wein, und ein Gläßlein voll Essig mit einander sieden, thut darein Kümmel, Fenchel und Eniß, alles ein wenig zerknirscht, darzu auch gantzen Coriander, in ein saubern Hafen oder irrden Geschirr, eine Lag um die andere, eingemacht, und die Brühe darüber gegossen, darbey aber das Saltz nicht vergessen, und jederzeit Baum=Oel darzwischen giessen, so lauffen sie nicht an, und bedarff man nicht hernach darüber zu schütten. (1678.)

Compote von Pflaumen. Die Pflaumen werden abge= schält und in der Mitte durchgeschnitten, dann mit etwas Wein, ganzem Zucker und Zitronschale aufgesetzt und so gekocht; nur muß man sehr behutsam damit verfahren, weil sie gleich entzwey kochen. Dann hebt man sie wieder heraus, und läßt den Saft einkochen, bis er ganz dicke ist, thut nachher die Pflaumen wieder dabey und deckt sie fest zu, läßt sie eine Viertelstunde stehen, hebt sie wieder heraus, und läßt den Saft noch einmal dicke einkochen, giebt den Syrup darüber, und läßt sie kalt werden. Man kann auch die Pflaumen ungeschält dazu nehmen, welches Vielen besser gefällt. Auch nimmt man zu jedem Pflaumenkompote eine reif gewordene Traube Hollunderbeeren, pflückt sie ab, kochet sie damit, und verfähret übrigens, wie gezeiget ist. Wein und Zitronensaft mit dem Safte der Früchte vermischet, bringt immer vortrefflichen Geschmack hervor. (1778.)

Compote von Quitten. Die Quitten werden geschälet, in vier Theile geschnitten, und das Kernhaus herausge= macht. Dann setzt man sie mit kaltem Wasser, etwas ganzen Zimmet und Citronenschaale aufs Feuer, und läßt sie wohl weich kochen, hebt sie heraus, giebt zu dem Wasser, worin sie gekocht worden, etwas Wein und ein gut Stück Zucker, läßt dies zusammen einkochen, bis es so dicke wird, daß es im Kochen große Perlen schlägt. Nun thut man die Quitten dazu, und deckt sie feste zu, läßt sie auf gelindem Feuer etwas anziehen, auf daß sie von dem Zucker Geschmack bekommen; dann hebt man sie heraus und richtet sie an. Die Sauce davon läßt man auf gelindem Feuer einkochen, bis sie so dick wie ein klarer Syrup ist; denselben zieht man mit einem Löffel über die Quitten, läßt sie kalt werden und giebt sie zur Tafel. (1778.)

Johannisbeerenjulep.*) Nehmet sieben Pfund rothe Johannisbeeren, zwey Pfund Glaskirschen mit ausgemachten Steinen, in deren Ermangelung man andere saure Kirschen nehmen muß; ein Pfund Himbeeren mit den ersten sauber abgepflücket; lasset sie zerquetschet vier und zwanzig bis dreyßig Stunden in einem irdenen Topfe im Keller stehen, reibet alles gelinde durch ein Haarsieb in eine porcellainene Schüssel, worein zwey Pfund geriebener Zucker gethan worden.

Wenn aller Saft durchgelassen ist, läßt man ihn in einem messingenen verzinnten Kessel eine Viertelstunde lang kochen. Wenn er im Kochen fleißig abgeschäumt, und zuletzt kalt geworden, so verwahret man ihn in Bouteillen. (1778.)

Johannis-Beer-Safft. Zupffet die Stiele von denen Beeren ab, zwinget sie durch ein dickes wollenes Tuch, daß die Stein darvon kommen: Nehmet dann zu einem Maaß dises Saffts ein Pfund Zucker, lasset es zusammen auf einem Kohlfeuer kochen, rühret es stetig mit einem hölzernen Spahn, biß es begünnet an dem Spahn zu kleben, dann ists genug; Alsdann verwahret es, es ist eine gute Kühlung der Zungen in hitzigen Fiebern. (1701.)

Rosen-Safft zu machen. Nihme die Rosen bey schönem hellen Wetter, zupffe sie ab, schneide sie mit der Scheer, hacke sie klein, und stosse sie in einem Mörser, presse den Safft heraus, (die Rosen müssen aber ein wenig eingefeuchtet werden, ehe man sie presset,) dann nihm zu zwey

---

*) Julep = kühlendes Getränk.

Seydel Rosen-Safft anderthalb Pfund geklarten Zucker, der zimlich kleberig ist, laß geschwind sieden, thue ihn vom Feuer, laß kalt werden, und verwahre ihn in einem sauberen Geschirr. (1701.)

Violen- oder Veyel-Safft zu machen. Nihm Violen, zupff die Blättlein sauber ab, hacke sie klein, thue sie in ein Säcklein, alsdann kläre einen schönen Zucker, darff nicht zu hart gesotten werden, nur als wie ein andern Zucker, der verschaumet wird, lege dann das Säcklein mit den gehackten Violen darein, und laß es auffs allergemacheste sieden, so lang, bis er hart wird: Probiere ihn also, ob er genug gesotten seye, thue ein paar Tropffen auf einen zinnern Teller, wann der Safft nicht mehr zu sehr vom Teller fliest, so hat er genug: Man darff ihn aber auch nicht so hart sieden, daß die Tropffen wie ein Erbes auf dem Teller stehen. (1701.)

Agrest zu bereiten. Nimm die Weintrauben, wenn sie eben anfangen ein wenig durchzuscheinen, reibe sie in einer Satte klein, und presse sie in einem Beutel aus. Mit dem ausgepreßten Safte aber fülle Bouteillen, thue zu jeder Bouteille einen Eßlöffel voll Salz, ein Paar Nelken und für sechs Pfennige gestoßenen Pfeffer, und setze ihn zum Gebrauch weg. Das hier angegebene Maas des Gewürzes ist für eine Quartbouteille oder einer solchen, die ein Maas, ein Quart oder eine Kanne enthält. — Agrest wird zu Brühen an Tauben, Hühnern, und Kalbfleisch gebraucht, wenn sie säuerlich seyn sollen, und macht sie sehr piquant. (1778.)

Ordentliches Register der Thier=, Vögel=, Fisch= und allerhand Kochwerck, so in diesem Buch gemeldet werden.

Das Erste Capitel.
Von Potagen oder Suppen.

Das andere Capitel
Vom Rind-Fleiſch.

Das Dritte Capitul.
Vom Kalb=Fleisch.

Das vierdte Capitul.
Vom Hammel= und Lamm=Fleisch.

Das Fünffte Capitul.
Vom Wildpret, wild= und zahmen Schwein=Fleisch.

Das sechste Capitul.

Von Hünern und Capaunen.

Das sibende Capitul.

Von Gänß, Endten, Tauben, und kleinen Vögelen.

Das Achte Capitul.

Fifche zu kochen und zu zurichten.

Das neundte Capitul.

Von denen Krebſen, Fröſchen, Schnecken, Auſtern, und Muſcheln.

Das zehende Capitul.

Von den Garten=Gewächſen.

Das eilffte Capitul.

Von allerhand Gebackenes.

Das zwölffte Capitul.

Von Pasteten.

Das dreyzehende Capitul.

Speysen von Milch, Mandeln, und Eyern.

Das vierzehnde Capitul.

Nützlicher Unterricht, Wie man allerhand Früchten, Wurtzeln, usw. einmachen kann.

ENDE.